Zur Relevanz einer auf Werterhaltung basierenden Bibliotherapie im Rahmen der Behandlung schwerer Traumata bei Opfern von Gewalt

ESSAY von Dr. Claudia J. Schulze

Herstellung und Verlag: BoD – Books on Demand, Norderstedt

Titelbildund Sonnenblume Mike Crawley,U.S.A.,Die Bilder „Vögel",

„Zweige", „Kerze" vonVitaTucaite, Vilnius,Litauen

Lektorat: Matthias Ziebarth, Frankfurt a. Main

Erweiterte Neuauflage

© Dr. Claudia J. Schulze, 2021

ISBN: 9783755754268

„Schreiben als Kommunikation um des Überlebens willen, um nicht in Sprachlosigkeit fortgerissen zu werden, in ihr zu versinken und damit Identität zu verlieren." (Peter Härtling)

Werte kann man nicht lehren, sondern nur vorleben.

(Viktor E. Frankl)

Hinweis: Es handelt sich bei dem nachfolgenden Essay um eine Art Ideensammlung, die Skizze eines Beitrags zur heutigen Resilienzforschung; nicht mehr und nicht weniger. Ich danke Ihnen für Ihr Interesse. Dr. Claudia J. Schulze

1. Die Werttherapie und verwandte Verfahren

Die Basis der von mir entwickelten bibliotherapeutischen Bücher bildet die „Werttherapie", wobei diese, ohne sie hiermit schmälern zu wollen, nur eine von zahlreichen Möglichkeiten darstellt wie bibliotherapeutische Arbeit vonstattengehen und funktionieren kann. Hintergrund ist zum einen die Kombination therapeutisch wirksamer Faktoren („Modell-Lernen", „Schaffen von Anreizen und Impulsen", „Katharsis", „Reframing" etc.), dennoch wäre es m.E. eine sehr unzulässige Verkürzung ohne eine Grundlage zu arbeiten, welche unsere eigenen Werte- und Wertsysteme jeweils grundsätzlich in diese Arbeit miteinbezieht. Die Werttherapie kann hier unterstützend tätig werden. Zunächst möchte ich die Werttherapie daher kurz skizzierend darstellen. Die Werttherapie© Dr. Claudia J. Schulze beinhaltet eine spezifische *Weiterführung der Logotherapie* in einem individuellen und kollektiven Rahmen, sowie auch eine *Wert-Sensibilisierung* durch *Sprachsensibilisierung* und eine *Wert-Affirmation.* Sie bezieht sich dabei implizit auf eine *emotionale Bildung* nach Erich Fromm. Während die Logotherapie bewusst darauf verzichtet, steht in der Werttherapie die

Überzeugung von bzw. der Glaube an die unbedingte Würde, den unbedingten Wert des Menschen, seinen generellen Achtungsanspruch, als eines *festen Urteiles im Sinne eines Bekenntnisses*, im Mittelpunkt (vgl. dazu die Kohärenzerfahrung). Der zentrale Wert, welcher strenggenommen keiner ist, soll hier die „Menschlichkeit" sein. Ich habe mich für diesen Begriff entschieden, da wir im Verlauf Unmenschlichkeiten begegnen werden, die in der Geschichte einzigartig und beinahe undenkbar sind. Das Gegenteil dieses Prinzips der Unmenschlichkeit soll daher als primäres Prinzip der Menschlichkeit bzw. des Humanismus im Rahmen der Werttherapie entgegengesetzt werden. Menschlichkeit kann ohne Würde nicht auskommen, auch nicht ohne Wert im Sinne einer Wertschätzung. Es ist mir bewusst, dass diese Begriffe nicht klar abgegrenzt sind. Im Verlauf verweise ich auf eine grundlegende Analyse des Begriffes, ohne jedoch selbst an dieser Stelle einsteigen zu wollen, da dies m.E. den Rahmen dieses Essays sprengen würde. Kurz skizzierend ist hierzu Folgendes zu sagen. Philosophen bestimmten in der Tradition des Humanismus damals, zumeist anhand verschiedener moralischer Kriterien, eine bestimmte Teilmenge des generellen Verhaltens von Menschen als

„menschlich". Im 18. Jahrhundert ging es um Themen wie die Frage, wie der Mensch denn sein solle. Das hierbei erklärte Ziel war ein von Respekt geprägter, friedvoller, kultivierter, sowie gütiger Umgang miteinander.

Die humanistische Theorie zum Begriff „Menschlichkeit" umfasste dabei „gute" Ziele, wie auch konkrete Taten der Güte, der Menschenliebe, gelebten Nächstenliebe, der angewandten Barmherzigkeit, der Wertschätzung und natürlich des Mitgefühls im Sinne empathischen Empfindens und Handelns. Ich möchte hier meinen Fokus auf das Thema „Wert" legen, wobei es selbstverständlich immer wieder zu Überschneidungen mit den oben genannten Begriffen kommen wird – und auch soll. Der Sinn der Werttherapie besteht nun explizit in der Suche nach Möglichkeiten die Würde des Menschen (individuell und selbstverständlich auch kollektiv) als einen unumstößlichen *Achtungsanspruch* gegen sich selbst und andere zu schützen. <u>Aktive Gewaltfreiheit geht mit dieser Therapieform bzw. diesem Bildungsansatz notwendigerweise einher.</u> Somit dient sie sowohl einer individuellen Therapie (z.B. mit Opfern von Gewalt, aber auch mit *„Tätern"*) als auch einer allgemeinen, bewussten Friedenserziehung.

In der Werttherapie wird hierbei von Folgendem ausgegangen

Die Besinnung auf die unbedingte Würde des Menschen ist d größte ihm eigene individuelle und kollektive Kraftquelle.

Würde kann niemandem von außen genommen werden, auc nicht unter Extrembedingungen.

Würde kann man sich nur selbst nehmen (z.B. durch würdelose achtlosen Umgang mit anderen Menschen).

Die Bestätigung und Wiedererlangung von Würde stellt das Z der Werttherapie dar.

Weitere Wurzeln sind in der Humanistischen Psychologie und Pädagogik, sowie in der Existenzphilosophie zu finden. Was Wert-Therapie nicht ist: Sie ist grundsätzlich kein völlig neuer Ansatz. (Trotz einiger Besonderheiten). Ich weise jedoch ausdrücklich auf den Zusammenhang von Sinn und Wert in der Logotherapie von Viktor Emil Frankl hin. Hintergründe: Die Wert-Therapie entwickelte sich aus der Arbeit: „Ressourcenorientierte Arbeit zum

Widerstand gegen Gewalt mit Opfern politischer Gewalt"
für die Stiftung gewaltfreies Leben Königsfeld, und aus der
Arbeit mit Jugendlichen zur Annäherung an den Holocaust
mit unterschiedlichen Texten, mit Bilddokumenten sowie it
Zeitzeugen für die Universität Konstanz.

Ein weiterer Aspekt ist der Umgang mit Sprache, z.B. im
alltäglichen Journalismus. [1] Die Arbeitsgruppe Frieden
befasst sich u.a. mit dem Zusammenhang von Gewalt und
Sprache. (Verweis: *„Gewaltfreie Kommunikation"*) Der
Ansatz der Werttherapie ist also sowohl therapeutisch als
auch pädagogisch geprägt.

Die Grundannahme ist die, dass ein Mensch, der sich
selbst nicht (oder nicht mehr) akzeptiert und annimmt, über
eine allgemeine Menschenliebe (z.B. in der Literatur als
Ideal oder Teil-Ideal) auch zur Selbstakzeptanz und
Eigenliebe kommen kann. (Dies gilt besonders auch für
Traumaopfer). Verschiedene Autoren identifizierten eine
Reihe typischer Schemata, die durch Traumata verändert
werden, z.B. *„Die Welt ist gut"*, *„Die Welt macht Sinn"*, *„Die
Welt ist irgendwo gerecht"*, *„Andere Leute sind*

---

[1] HELLER, G.: Lügen wie gedruckt; Über den ganz alltäglichen
Journalismus, Klöpfer & Meyer, 1997

vertrauenswürdig", „*Ich bin ein wertvoller Mensch*", „*Ich habe Kontrolle über meine Umwelt*" (z.B. Janoff & Bulmann, 1985; Mc Cann & Pearlman, 1990). Studien zeigten deutlich, dass solche Überzeugungen zwischen traumatisierten und nicht-traumatisierten Personen unterscheiden, so dass sie sich wiederum zum Anknüpfungspunkt für beraterische und therapeutische Prozesse anbieten. Mit Hilfe ganz allgemeiner philanthropischer Prinzipien und beispielsweise der „*Affektlogik*", welche emotionales und kognitives Lernen miteinander verknüpft (nach CIOMPI), kann dieser therapeutische Lernprozess m.E. vonstattengehen. Der allgemeine und alltägliche Ausspruch „*Wer sich selbst nicht liebt kann auch die anderen nicht lieben*" wird hier erweitert und auch von der anderen Seite her betrachtet, wobei dies natürlich eine starke Vereinfachung des komplexen Sachverhaltes darstellt. So wird von einem therapeutischen Effekt für die eigene Person während bzw. nach dem Einsatz / durch den Einsatz für andere Personen und deren Würde oder durch die Beschäftigung mit dem Einsatz anderer ausgegangen. (Steigerung von positivem Selbstbild, Selbstwirksamkeit etc.).

Methodisch erfolgt eine Verstärkung anhand des Modelllernens z.B. an persönlichen Beispielen (Biographien) oder (Stichwort: Bibliotherapie) durch die aktive literarische bzw. künstlerische Umsetzung. Ein weiteres probates Mittel der Wert-Therapie ist die *„Verallgemeinerung des Phänomens"* und die *„Zuspitzung des Phänomens".* Ein drittes Mittel ist das Ermöglichen von Kohärenzerfahrung. Es wird davon ausgegangen, dass eine Person, die sich für sich allein (noch) nicht einsetzen würde, über diese *„Verallgemeinerung und Zuspitzung"* tätig wird, und sich somit über andere auch für sich selbst einsetzt. [2] Über die Mittel *„Verallgemeinerung"* und *„Zuspitzung"* kann man sich über die dahinterstehenden Menschenbilder Klarheit ver-schaffen, sowie Ideologien und sogar Formen von Propaganda und Hetze entlarven. (Beispiel-Frage: Sollen alle Menschen, die nicht perfekt (nach einer jeweils gängigen sozial vorgegebenen Norm) aussehen, erst nach Anbruch der Dunkelheit ihr Haus verlassen oder besser gar nicht? Mit dieser Frage wurde einem Mann, der sich wegen seines Erscheinungsbildes

---

[2] vgl. dazu auch Ansätze wie das sog. *„flooding"* in der Verhaltenstherapie

13

nicht wohl fühlte, sein eigenes Problem verallgemeinert und zugespitzt präsentiert. Die ausgesprochen energievolle Entschlossenheit, mit der er diese Frage verneinte, konnte er anschließend für sich selbst und die Wahrung seiner Würde nutzen. Die Frage, was denn unter Würde bzw. Wert verstanden werden kann, ist nicht eindeutig und einheitlich zu klären. Jegliche Festlegung könnte die Würde dabei selbst wiederum negieren. Als juristisches / gesellschaftlich orientiertes Hilfskonstrukt mag Artikel 1 und 2 des deutschen Grundgesetzes herangezogen werden; wobei dies eine leider sehr verkürzte Darstellung ist. (Es fehlt z.B. das Recht auf seelische Unversehrtheit). Gewisse religiös orientierte Hilfskonstrukte dürften in diesem Kontext eher problematisch sein. Wie die Werttherapie international eingesetzt werden könnte muss offenbleiben, solange keine einheitlichen Hilfskonstrukte vorliegen.[3] Literarisch sind die Themen Würde und Wert immer wieder in der Weltliteratur behandelt worden, z.B. bei ausgesprochen humanistisch orientierten Schriftstellern wie Dostojewski, Tolstoi aber oder Korczak. Besonders zu erwähnen ist in diesem Zusammenhang auch die Literatur nach 1945.

(Janusz Korczak / Henryk Goldzmit), Bildquelle:

https://www.google.de/search?q=Bild+Janusz+Korczak&_client=firefox

Siehe dazu auch das Inhaltsverzeichnis zu den Bildquellen am Ende des Dokuments.

15

2. Das Menschenbild der Wert-Therapie

Das Menschenbild der Wert-Therapie orientiert sich an der humanistischen Psychologie und Pädagogik, am Menschenbild von Viktor E. Frankl, dem Begründer der Logotherapie. *„Was also ist der Mensch? So fragen wir nochmals. Er ist ein Wesen, das immer entscheidet, was es ist. Ein Wesen, das in sich gleichermaßen die Möglichkeit birgt, auf das Niveau eines Tieres herabzusinken oder sich zu einem heiligmäßigen Leben aufzuschwingen. Der Mensch ist jenes Wesen, das immerhin die Gaskammern erfunden hat; aber es ist zugleich auch jenes Wesen, das in eben diese Gaskammern hineingeschritten ist in aufrechter Haltung und das Vaterunser oder das jüdische Sterbegebet auf den Lippen.*"[3]

---

[3] Aus: FRANKL, V.E.: Der leidende Mensch; Anthropologische Grundlagen der Psychotherapie, Verlag Hans Huber, Bern, Stuttgart, Toronto, 1984, S. 218 Bildquelle Viktor E. Frankl: https://www.google.de/search?q=Bild+Viktor+E.+Frankl&client=firefoxb&dcr=0&tb isch&tbo=u&source=univ&sa=X&ved=0ahUKEwiYp8WX 6NnWAhUIblAKHagKD3oQsAQIJQ&biw=1536&bih=725#imgrc=2O2ki vBEN5q6uM:

3. Möglichkeiten und Ziele der Wert-Therapie

Durch die Werttherapie wird vermocht sich selbst ebenfalls Wert zu geben. Dies ist ansonsten sehr schwierig, da wir in dieser Beziehung sonst zumeist von Reaktionen von außen auf uns angewiesen sind. Erweiterung des Blickwinkels: Über die eigene Zeit und die eigene Persönlichkeit hinaus.

(Verbindung des Menschen mit anderen Zielen).

Diese Reaktion von außen kann dabei durchaus substituiert werden.

Ziel ist die Verteidigung von Menschlichkeit und menschlicher Würde.

Nachfolgend im höheren Alter beim Bergsteigen zu sehen.

4. Wert-Therapie und Wiedergutmachung

Ein weiterer Aspekt ist der der Wiedergutmachung. Er geht von einer Art „kollektiver Verantwortung" aus, nicht jedoch von einer *„Kollektivschuld"*. Die *„kollektive Verantwortung"* bedeutet, dass Wiedergutmachung auch von Menschen möglich ist, die nicht am Geschehen beteiligt waren. (Z.B. junge Menschen, die für die *„Aktion Sühnezeichen"* jüdische Gräber pflegen.)

Natürlich ist eine wirkliche *„Wiedergutmachung"* niemals möglich. Nur die Anstrengung die *„Wert-Balance"* wieder herzustellen ist dabei das Ziel. (vgl. dazu z.b. den Mythos von S. bzw. auch der Mensch in der Revolte von Albert Camus. Bei Camus kämpft der Mensch gegen das *„Absurde"*. In der Wert-Therapie kämpft der Mensch gegen den Verlust von Würde.) Auch bspw. nachträgliche Gegendarstellungen und Rehabilitationen sind denkbar und ggf. notwendig. Zudem spielt die z.T. auch erst nachträgliche bzw. posthume Würdigung von Opfern eine wichtige Rolle. Dabei ist hervorzuheben, dass eine solche Würdigung die Opfer dem Vergessen entreißt. Ein Vergessen darf niemals geschehen. Z.B. dürfen die Verbrechen des Holocaust niemals dem Vergessen preisgegeben werden. Jeder hat die Verantwortung dafür sich die Vergangenheit lebendig zu erhalten und damit einer Wiederholung dieser entsetzlichen Verbrechen entgegenzuwirken.

Der Autor Tietze schreibt:

> *„Jede unserer Handlungen, so unbedeutend sie uns auch erscheinen mag, beeinflusst das gesamte Universum, wie jede Welle die Küste beeinflusst. Wir haben auf allen Ebenen des Seins teil an unendlich vielfältigen und sich gegenseitig beeinflussenden Beziehungen und Prozessen, angefangen bei den subatomaren bis hin zu den kosmischen."*

(S. 177) Tietze geht davon aus, dass der Zustand der gesamten Einheit, die wir gemeinhin *„Mensch"* nennen, eng verbunden ist mit dem Zustand der uns umgebenden Welt. Mag diese Auffassung nun in ein rein wissenschaftlich geprägtes Bild passen oder nicht, so habe ich es doch absichtsvoll ausgewählt, um zu zeigen, dass auch in solcherlei Hinsicht ein „Reframing", eine Erweiterung des Bezugsrahmens, der Auffassungen und der Handlungsmöglichkeiten gegeben ist. An dieser Stelle möchte ich daher auch eine Behandlungsart aus der Tibetischen Medizin erwähnen, die ich in einer Fernsehdokumentation über Tibetische Medizin von 1996 gesehen habe. Eine tibetische Frau, die von chinesischen Soldaten gefoltert worden war, konsultierte einen tibetischen Arzt und erzählte ihm ihre Geschichte. Im Gegensatz zum *„professionell-distanzierten"* Verhalten europäischer Ärzte nahm der Arzt sehr persönlich Anteil an dem Leiden der Frau. Er nahm ihre Hand und weinte. Damit erwies er ihr eine unschätzbare Ehre und Wertschätzung. Er weinte für sie. Richtlinien für Werte sind beispielsweise auf philosophischer Ebene der klassische kategorische Imperativ: **„Handle nur nach derjenigen Maxime, durch die du zugleich wollen kannst, dass sie ein allgemeines Gesetz werde."** Er ist im System Immanuel Kants das grundlegende Prinzip der Ethik und gebietet hierbei allen endlichen vernunftbegabten Wesen und damit allen Menschen ihre Handlungen darauf zu prüfen, ob sie einer, für alle jederzeit und ohne Ausnahme, geltenden Maxime folgen. Dabei stellt sich automatisch die Frage, ob dabei das Recht aller betroffenen Menschen, auch als Selbstzweck, also nicht als bloßes Mittel zu einem anderen Zweck behandelt zu werden, ausreichend berücksichtigt wird. Es stellt hiermit ein ethisches Prinzip dar, aus welchen sich Werte ableiten lassen. Beispiele für Werte sind hier sehr gut aufgeführt:

https://www.wertesysteme.de/was-sind-werte/

Der Autor, Frank H. Sauer, geht zunächst von der Definition des Begriffs aus, um dann auf einzelne Werte und Wertsysteme zu sprechen zu kommen. Die sehr übersichtliche und gut strukturierte Seite ist m.E. sehr empfehlenswert, um einen Einblick in den Begriff des Wertes zu bekommen.

Allgemeine Definition des Begriffs Werte nach Sauer:

„Werte sind Begriffe, die moralisch gut empfundene Eigenschaften - welche erstrebenswert sind und von anderen erwartet werden - verkörpern.

Sie symbolisieren oder beschreiben die Qualität von Charaktereigenschaften, bzw. Sittlichkeit (Subjekte) oder Nutzen-merkmale von Dingen bzw. Produkten (Objekte)." (Quelle: s.o.) Von der Wert-Therapie selbst kommen wir nun zu ihrer zentralen Methodik, die den Bogen hin zur Bibliotherapie (p) und zur Schreibtherapie(a) schlägt.

5. Die zentrale Methodik der Wert-Therapie

ist der **Bibliotherapie** entlehnt und erweitert diese intermedial auch auf Filme. Zudem wird mit **aktiver Imagination** und ***Wert-orientierten*** **Affirmationen** gearbeitet, welche sich ebenfalls auf die Wert-Thematik beziehen. Mit Hilfe der aktiven Imagination können Ereignisse in der Vergangenheit, Gegenwart und Zukunft bearbeitet werden, wobei auch die Erlebnisse anderer Personen oder fiktiver Gestalten (siehe Bibliotherapie) mitverwendet werden können. *„Bibliotherapie"* bezeichnet die Therapieform, die sich aufs Lesen stützt. Der Wortteil *„Biblio"* bezieht nicht etwa auf die Bibel, sondern aufs Griechische *„biblion"* oder *„biblos", „das Buch"*. Im Lesen von Literatur kann der Klient sich mit Figuren identifizieren und sich von ihnen abgrenzen, kann am Modell lernen, wie andere es gemacht haben, und findet etwa in der Lyrik Worte, wo er selbst sprachlos ist. (im positiven wie neg. Sinn). Die Poesie- und Bibliotherapie basiert auf der Überzeugung der Heilkraft der Sprache.

„Poesietherapie" bezeichnet dabei eine Therapieform, in welcher die Klienten selber Texte verfassen und darüber mit dem Therapeuten, der Therapiegruppe bzw. sich

selber ins Gespräch kommen. *Im Schreiben, in der Narration geschieht Sinnfindung.*

In der modernen Forschung wird dem Lesen eine aktive und eine passive Wirkung zugestanden. Es kommt neben der Entspannung zu dem therapeutischen Element der kognitiven Erweiterung und vertieften Selbsterkenntnis. Was sich zunächst neu anhört, ist es nicht.

Denn die gezielte *„Nutzbarmachung des Lesens zu therapeutischen Zwecken",* so die ganz überwiegend verwendete Begriffsbestimmung für die Bibliotherapie, nutzten schon die alten Griechen. Auch die großen deutschen Philosophen beschäftigten sich mit der literarischen Selbstanalyse.

Und in Amerika, das oft eine Vorreiterrolle spielt, setzen Therapeuten hier bereits seit dem 19. Jahrhundert ausgewählte Literatur zur Behandlung von psychisch Kranken ein.

Dabei war und ist es immer das Ziel durch das Lesen und Verarbeiten von fertigen Texten (Bibliotherapie) und die Arbeit mit selbst geschriebenen Texten (Poesietherapie, Schreibtherapie) eine positive kognitive und emotionale Veränderung zu erreichen.

6. Stimmen zur Bibliotherapie

Petzold, H., Orth, I.: Poesie und Therapie. Über die Heilkraft der Sprache. Junfermann Verlag, Paderborn 1985 schreiben hierzu:

„Als Therapeuten haben wir die toxische Wirkung entfremdeter Sprache, die Verletzungen durch harte Worte im Leben unserer Patienten gesehen und auch Menschen, die wundgeschwiegen wurden; wir sind dem Leiden an der Sprachlosigkeit, dem Unvermögen, Worte für das eigene Erleben zu finden, begegnet und dem Gefühl des Erstickens am Schwall leerer Worthülsen, die sich wie Sandkörner in jede
Windung des Gehirns drängen." (Vorwort, S. 9)

Weiter wird darauf verwiesen wie nötig das Sich-Mitteilen ist, und wie gut dies gerade auch über das geschriebene Wort geschehen kann. Das „richtige" Wort zu finden, eben das Wort, das keine „Hülse" ist, sondern einen Samen in sich trägt, der wachsen kann, der sich in die Welt hinaus manifestieren kann.

Dies ist eine der ersten Aufgaben im Rahmen einer Bibliotherapie.

Später werde ich dies noch in einem anderen Kontext ausführen, wenn es nämlich um Sprach-Sensibilisierung und die Anwendung, um den Transfer in den Alltag gehen wird. PETZHOLD/ ORTH führen weiter aus:

„Das kaum Sagbare wird sagbar. Was der Leser sich sagen kann, kann er weitersagen, ganz wie der Autor selbst es weitergesagt hat. Die Katharsis ist Monolog und Aufhebung des Monologs. Die Mitteilbarkeit erlöst aus der Stummheit.“ (S. 11)

„Es ist wahr, dass im Gedicht, wie in aller Kunst, etwas Heilendes ist. Eben weil es den Menschen befreit: vom Objektsein, vom Stummsein, vom Alleinsein, abgeschnitten von der Menschheit.-So wie Hass das Gegenteil von Heilung, von Identifizierung ist. Im Gedicht, noch im negativen Gedicht, ist ein letzter Glaube an den Menschen, an seine Anrufbarkeit.“ (S. 13)

Dies gilt insbesondere für Opfer von Gewalterfahrungen. Eine aktive Auseinandersetzung mit dort transportierten Werten ist ebenfalls ein zentraler Bestandteil dieser Methode, was im nachfolgenden Kapitel und in den nachfolgenden plausibilisiert und konkretisiert werden soll.

7. Bibliotherapie und Trauma

Um den Zusammenhang zwischen Bibliotherapie und Trauma zu beleuchten, müssen wir uns zunächst die Definition dessen ansehen was Träume beschreibt. Vorwegnehmen möchte ich, dass insbesondere hier die Traumata welche durch zufällige Umweltereignisse hervorgerufen werden im Hintergrund stehen. Das stellt keine Inhaltliche Wertung dar. Vielmehr ist es der Tatsache geschuldet, dass das Thema sonst z komplex werden würde. Dennoch wird es zunächst um eine möglichst komplette Definition dieses Begriffs gehen. Anschließend wird dann der Schwerpunkt auf Traumata gelegt, die bewusst über den Eingriff anderer Menschen erfolgen, die durch dieses Handeln zudem Werte negierten. Beispiele hierfür sind z.B. Vergewaltigung, Mord etc. Das Wort Trauma kommt aus dem Griechischen und bedeutet allgemein Verletzung. In der Psychologie wird mit *Trauma* eine starke psychische Erschütterung bezeichnet, die durch ein einschneidendes Erlebnis hervorgerufen wurde. Im Verlauf können u.a. ein Gefühl von Ohnmacht, Unwirklichkeit und das Infrage Stellen bisher gültiger Werte folgen.

Bisherige Bewältigungsmöglichkeiten versagen häufig ebenfalls, so dass professionelle Hilfe unumgänglich notwendig wird. Vor allem sehr dramatische, sehr einschneidende Erlebnisse können zu einem psychischen Trauma führen. Allerdings reichen durchaus zum Teil auch bereits weitaus weniger drastische Erlebnisse aus um einen Menschen seiner bisherigen Bewältigungsstrategien zu berauben und ihn somit in einen quälenden Zustand intensiver Hilflosigkeit führen. (PC; oder Fehlende Selbstwirksamkeit).

Bibliotherapie und Wert-Therapie bei Opfern von Gewalt

Wer einen Zugang zum geschriebenen Wort hat, der kann mitunter sehr viel erreichen durch das Lesen der *„richtigen"* bzw. gekonnt ausgesuchten Bücher oder Texte. Auf die Wert-Therapie bezogen heißt das:
Die Auswahl der Texte geschieht in erster Linie vor dem Hintergrund   des spez. Themas *„Wert-Würde"* für   den Menschen, sowie Gewaltfreiheit (implizit oder explizit). Vor diesem Hintergrund wird auch eine Re-Traumatisierung der Betroffenen insofern verringert, als das Geschehen

nicht einfach geschildert wird, sondern der Versuch einen sinnhaften Zusammenhang herzustellen unternommen wird, und hierbei die Selbstwirksamkeit erhöht wird.

Der Psychiater und Historiker Robert J. Lifton, ehemals u.a. Gastprofessor an der Harvard-Universität, verweist auf die Wichtigkeit dieses Phänomens. Lifton beschäftigt sich seit Jahrzehnten mit den Auswirkungen von Machtmissbrauch, Gewaltanwendung und Massenmord auf die menschliche Psyche. Lifton in einem Interview mit der Zeitschrift DER SPIEGEL (23/2003, S. 177):

„Überlebende, die nicht mit ihrer Verwundbarkeit zurechtkommen, sehen die Welt oft als feindlich. Ich habe Überlebende infernalischer Gewalt studiert aus Nazi-Vernichtungslagern, aus Hiroshima und Vietnam, und ich habe einige Gemeinsamkeiten gefunden. Die Todesangst hinterlässt einen Abdruck. Manche verfluchen sich selbst - warum haben wir das Ereignis nicht aufgehalten, warum haben wir den Leuten nicht geholfen? Andere erleben, was ich psychische Verhornung nenne, eine verminderte Fähigkeit oder Bereitschaft, Gefühle zu empfinden. Und es gibt den zutiefst menschlichen Impuls, Sinn zu finden in dem, was geschehen ist. Der Sinn offenbart sich ja nicht im Ereignis selbst. Überlebende und andere konstruieren

sich also eine Bedeutung." [4] Die bei Überlebenden staatlicher Gewalt u.a. eingesetzte **Testimony Therapie** beispielsweise arbeitet mit einer aktiven Rekonstruktion autobiographischer Gedächtnisinhalte.

Die Bereitschaft zur Mitarbeit wird dadurch vergrößert, dass die erarbeiteten Erzählungen zur Dokumentation von diversen Menschenrechtsverletzungen eingesetzt werden können. Damit kommt die TT dem Bedürfnis der Betroffenen nach Gerechtigkeit entgegen. (Aufheben der Isolation).

Diese allgemeine Wirkung hängt davon ab, ob in einem Text - sei es nun ein Buch, ein Sprichwort, ein Gedicht oder etwas Anderes - ein Gedanke ausgedrückt wird, der den Leser berührt.

Mitunter kann sogar eine einzige Zeile dermaßen beeindruckend auf eine Person wirken, dass es gedanklich oder emotional zu einer Wende kommt.

---

[4] Selbstverständlich kann diese Bedeutung auch missbraucht werden, was Lifton im Kontext der Bush-Politik kritisch anmerkt. Daher sind auch ethische Grundsätze in diese Diskussion zwingend miteinzubeziehen.

Dies gilt m.E. insbesondere bei den humanistischen Schriftstellern und Philosophen, die sich mit dem Wert des Menschen explizit auseinandersetzen.

(Immanuel Kant)

Dem Wiener Fred Wander, welcher Auschwitz und Buchenwald überlebte, gelang es erst 23 Jahre nach seiner Befreiung über das Lager zu schreiben: *„Ich hatte tief verborgen noch immer jenes Gefühl totaler Entfremdung und der Umkehrung meines Lebens, wie damals im Konzentrationslager (...).*

Das wirkliche Leben war nur ein Traum, auf einem anderen Stern." (WANDER, F.: 1996, S. 189)

"Wer der Folter erlag, wird nicht mehr heimisch in dieser Welt", schrieb Jean Améry in seinem Buch "Die Tortur". (1966, S. 73). Weil das Ich nicht mehr ungebrochen war, reichte eine Identität längst nicht mehr aus, sein (Über-) Leben durchzustehen."[5]

Der Jurist Robert Antelme schreibt drei Jahre nach seiner Befreiung aus den Lagern im Vorwort seiner Erinnerungsschrift "L´espèce humaine"*:*

"Was wir zu sagen hatte, begann uns nun selbst unvorstellbar zu werden." (1947 / 1990: 9).

Zugespitzt hat diese Sicht Imte Kertész, der sein Schreiben (+ Lesen, Anmerk. Der Verf.) als den kathartischen Versuch auffasst, *"die eigene Existenz wiederzugewinnen." (Kertész 2000, S. 375.*

---

[5] Améry, J. Jenseits von Schuld und Sühne, Klett-Cotta, Stuttgart, https://www.google.de/search?q=Bild+Immanuel+Kant&client=firefox b&dcr=0&tbm=isch&source=iu&ictx=1&fir=FHSqfQMMSzH3NM%25 3A%252ClPd7FLAw7RyzzM%252C_&usg=__YzpZYlTWMDf3YyD9 ZwvmKGVQEnY%3D&sa=X&ved=0ahUKEwj5mcS9gvXXAhWFnRo KHfzyCZkQ9QEIOTAl#imgdii=23VWrTksaahbM: &imgrc=FHSqfQMMSzH3NM:

„Das Konzentrationslager ist ausschließlich als Literatur vorstellbar, als Realität nicht. Auch nicht – und vielleicht sogar dann am wenigsten-, wenn wir es erleben", hielt er in seinem Galeerentagebuch fest. (1992 / 1997, S. 253)

http://www.medienwerkstattonline.de/lws_wissen/vorlagen/showcard.php?id=5664

7. Formen von Gewalt

Die Wert-Therapie vertritt damit kein religiös oder ideologisch geprägtes Menschenbild. Lediglich das o.g. „Bekenntnis" und die notwendig dazu gehörige Gewaltfreiheit (s.u.) bieten den m.E. nötigen Bezugsrahmen. Aus diesem Grund möchte ich mich an dieser Stelle zunächst auf unterschiedliche Formen von Gewalt konzentrieren: Gewalt liegt dann vor, wenn es Opfer gibt. Der enge Gewaltbegriff beschränkt sich auf die zielgerichtete, direkte physische Schädigung, der weiter gefasste Gewaltbegriff schließt neben der körperlichen auch die psychische bzw. verbale und mitunter auch die „strukturelle Gewalt" ein. Der Begriff „Gewalt" ist ein unfassbarer Sammelbegriff und beinhaltet ein äußerst großes Spektrum von diversen Gefühlsäußerungen und zahlreichen Verhaltensweisen.[3] Es gibt verschiedene Formen von Gewalt.

So gibt es zum einen die **physische** oder auch **körperliche Gewalt**. Der Begriff der physischen Gewalt umfasst hierbei ausdrücklich die körperliche Gewalt gegen Personen (Gewalttätigkeiten) und Sachen (Vandalismus).

Die **Gewalt gegen Personen** bezieht sich vor allem auf vorsätzliche und bewusst herbeigeführte Körperverletzungen. Hier zählen leichte Rempeleien genauso dazu, wie schwere Schlägereien und auch sexuelle Übergriffe. Man redet von Vandalismus, wenn in intentionaler, schädigender und normverletzender Weise gegen Gegenstände Gewalt verübt wird.

7.1 Psychische / verbale Gewalt

Hierzu zählen verbale Aggressionen wie z. B. Beleidigungen, aber auch üble Nachrede, ironische Bemerkungen und sonstige Bloßstellungen sowie gezielte Verunsicherung. Zudem auch Drohungen mit Gewalt gegen Personen oder Sachen, insbesondere, wenn Menschen erpresst und genötigt werden. Auch **Diskriminierung** ist eine Art von psychischer und verbaler Gewalt. Diese Formen von Gewalt können auch in durchaus kombinierter Form vorkommen, denn körperliche Gewalt schließt die verbale Gewalt nicht automatisch aus. Es gibt aber auch gewaltsame Einbrüche in das Leben von Menschen, wie z.B. schwere Krankheiten.

Auch hier ist der Umgang mit dem Menschen und mit der Sprache zentral. Wird der Kranke nur nach seiner Diagnose benannt? Wird er nur noch wie ein *„Ding"* behandelt, wenn er im Koma liegt, oder spricht der Pfleger mit ihm, als könnte er ihn hören? Vgl. dazu den unbedingten Achtungsanspruch. Eine besondere Form psychischer Gewalt war die in der DDR betriebene „Zersetzung". Die Überwachung der Privatheit wurde nicht selten von Menschen durchgeführt, die eben Teil dieser Privatheit waren. "Zersetzung" bezeichnet eine perfide Methode des Ministeriums für Staatssicherheit. Sie war ein rein psychologisches Unterdrückungs-instrument, welches das Selbstwertgefühl des Menschen untergraben, Panik, Verwirrung und Angst erzeugen sollte. (Vgl. dazu Süß, S. 1999) Anbei ein stark gekürzter, im Sinn wiedergegebener Wikipedia Eintrag: Karin Ritter (* 12. April 1944 in Oppeln (Schlesien) als Karin Holtzhausen; † November 1990) war eine deutsche Ärztin, die in der Friedensbewegung in der DDR engagiert war. Ritter war Mitbegründerin der Gruppe „Frauen für den Frieden" in Schwerin. Ab 1979 wurde sie systematisch von der Staatssicherheit beobachtet und verfolgt. Die Staatssicherheit führte

Zersetzungsmaßnahmen gegen Ritter aus. Sie wurde unter anderem beruflich diskreditiert, abgehört, ihre Wohnung heimlich durchsucht und dabei absichtlich in Unordnung gebracht. Das erklärte Ziel war die völlige psychische Zerrüttung, das bewusste Erzeugen von Selbstzweifeln und auch Isolation. Im November 1990 verübte Ritter in Folge der seelischen Gewalt Suizid.

Sämtliche Formen der oben genannten Gewalt sind auch in ausgewählten literarischen Texten zu finden. Im Rahmen dieses Essays habe ich mich auf extreme Gewalt konzentriert. Extrem kann sie auf körperlicher und seelischer Ebene sein. Häufig, aber natürlich nicht notwendigerweise, ist die Dauer der Gewalterfahrung ausschlaggebend.

Hier gehe ich auch auf Gewalt ein, wie sie unter Kriegsumständen beispielsweise auftaucht, also auf Gewalt, die von einem kollektiven Zusammenbruch der Zivilisation begünstigt und hervorgebracht wurde.

Ein literarisches Beispiel bietet uns hier Albert Camus.

8. Bibliotherapeutische Annäherung an die Thematik am Beispiel von Albert Camus

Camus Verständnis von dieser Welt lässt sich mit seinen Kriegserlebnissen erklären. Durch das Miterleben des sinnlosen Leidens wurde er davon überzeugt, dass es keinen Gott geben könne, da er ein derartiges Leid nicht zulassen würde. In *„Der Mensch in der Revolte"* geht es um die Situation des modernen Menschen, der sich in einer Welt des Verbrechens und der Ideologien gegen absolute Ansprüche jeglicher Art behaupten muss. An die Stelle Gottes war die Geschichte getreten. Es gibt daher kein Leben in Gnade mehr, somit sind sowohl die Welt, wie auch die menschliche Existenz sinnlos bzw. absurd.

> **Die Absurdität liegt für Camus also in der Erfahrung des Zwiespalts zwischen dem Anspruch auf Sinn und der fehlenden Erfüllung.**

Den einzigen Ausweg aus dieser für ihn unakzeptablen Situation sieht Camus in der **Revolte**. Diese Revolte ist zwar letztlich genauso sinnlos, eine Absurdität zweiter Ordnung gewissermaßen. Diese aufrecht zu erhalten macht aber gerade die Würde des Menschen aus, weil er als einziges Wesen überhaupt in der Lage ist Widerstand gegen ein sinnloses Dasein zu leisten. In der Revolte erfährt der Mensch, dass seine Absurdität von allen anderen menschlichen Wesen geteilt wird. Die Revolte macht solidarisch: *„Ich empöre mich, also sind wir!"* In diesem modifizierten Cartesischen Schluss wurde das Denken durch die Tat ersetzt. Dieser Grundtenor taucht auch in anderen Büchern von Camus auf, wobei hierdurch deutlich wird wie sehr sich seine Philosophie gerade auf dieses Grundprinzip stützt. Der Reiz des Lebens besteht aber, so Camus, gerade in seiner Sinnlosigkeit, und die richtige *„Würze"* bekommt es durch die Revolte, durch Auflehnung und Eigensinn, durch den Kampf, wie Camus schreibt, gegen die überlegene Wirklichkeit.

Auch in Bezug auf die Wert-Therapie muss konstatiert werden, dass die *„Realität"* anders aussieht, und dass täglich zahllose Menschenrechtsverletzungen weltweit zu beklagen sind. *Eine* Form der Revolte wird literarisch nachfolgend von Patrick Süskind angedeutet.

Das Umschlagen, den bedeutenden Sinneswandel als solchen, der eine Revolte hervorbringen oder zumindest begünstigen kann. In seiner bekannten Erzählung „Die Taube" passierte dem Protagonisten eben dies.

9. Ausschnitt aus dem Roman von Patrick Süskind, *„Die Taube"*

„Die Taube saß nicht mehr vor der Türe. Auf der Fliese, wo sie gesessen hatte, befanden sich nun ein smaragdgrüner Klecks von der Größe eines Fünffrancstückes und eine winzige weiße Flaumfeder, die im Luftzug des Türspaltes leise zitterte. Jonathan erschauderte vor Ekel. Am liebsten hätte er die Türe sofort wieder zugeworfen. Seine instinktive Natur wollte zurückweichen, zurück ins sichere Zimmer, weg von dem Entsetzlichen da draußen. Aber dann sah er, dass dort nicht nur ein einzelner Klecks, sondern dass dort viele Kleckse waren. Der ganze Abschnitt des Ganges, den er überblicken konnte, war besprenkelt mit diesen smaragdgrünen, feucht schillernden Klecksen. Und nun geschah das Sonderbare, dass die Vielzahl der Abscheulichkeiten nicht etwa Jonathans Widerwillen verstärkte, sondern im Gegenteil seinen Willen zum Widerstand: Vor jenem einzelnen Klecks und vor jeder einzelnen Feder wäre er wohl zurückgewichen und hätte die Türe verschlossen, für immer. Dass die Taube aber offenbar den ganzen Gang verschissen hatte – diese Allgemeinheit des verhassten Phänomens-, mobilisierte all seinen Mut. Er öffnete die Tür ganz.“ Selbstverständlich gibt es weitere Annäherungen: z.B. Künstlerische,

41

musikalische, intermediale. Um den vor-gegebenen Rahmen nicht zu sprengen, möchte ich mich auf Letztere konzentrieren. Gerade das Medium Film ist, neben seiner Funktion als Speichermedium, in der Lage über ein rein *kognitives* Lernen auch massive *affektive* Lernprozesse auszulösen. So konstatiert beispielsweise Martens passend: *„Nicht die Sprache, sondern die Bilder sind Medium der Wahl, wenn es darum geht Gefühle anzusprechen."* [6] Es gibt keine Altersbegrenzung. Je nach Alter werden entsprechende Literatur oder entsprechende Filme ausgewählt und bearbeitet (durch gezielte Imagination, Vorlesen, Begleitung durch Musik oder Bildende Kunst, eigene, *Sinn*-generierende Wendungen erzeugen, bewusste Gegendarstellungen schreiben etc.). Zu Martens möchte ich noch anmerken, dass durch Geschichten ebenfalls innere Bilder entstehen können, so dass es hier nicht um einen „Wettbewerb" geht, vielmehr soll die Fähigkeit überhaupt innere Bilder erzeugen zu können m.E. gestärkt werden.

---

[6] vgl. dazu MARTENS J. Verhalten und Einstellungen ändern. Veränderungen durch gezielte Ansprache des Gefühlsbereiches, Windmühleverlag, Essen, 2. Auflage, 1988, S. 32 f.

42

Doch um nochmals speziell auf das Medium Film zurückzukommen: Für besonders geeignet halte ich – neben dem Film „The Last Days" (Shoah-Projekt von James Moll und Steven Spielberg (1994; vgl. dazu auch die von Spielberg gegründete Stiftung „Survivors of the Shoah Visual History Foundation")). – die Filme: „Das Leben ist schön" von Roberto Begnini (1998) und „Der Pianist" von Roman Polanski (2002).

In beiden Filmen (beim „Pianisten" auf konkreten Erlebnissen des Regisseurs beruhende Erfahrungen) eskaliert die Situation für die betroffenen Protagonisten nicht sofort. Vielmehr entwickeln sich die Übergriffe auf Würde und Leben der Opfer schleichend.

Die Liste der Filme ist natürlich fortsetzbar. Sie muss auch nicht auf die Kriegsthematik im engeren Sinn beschränkt bleiben, obgleich sich die konkrete Auseinandersetzung mit epochalen Schlüsselerlebnissen m.E. besonders anbietet. Der Vorteil eines interdisziplinären Ansatzes liegt aber meines Erachtens auch immer gerade in der mehr-perspektivischen Zugangs- und Betrachtungsweise. Anmerkung: Der Pianist, auf dessen Lebensgeschichte der Film basiert, war Zeitzeuge als Korczak das Ghetto verließ. Hier schließt sich ein Kreis.

10. Bibliotherapie und Selbstwirksamkeit

Verstärkung von Selbstwirksamkeit, also self-efficiacy, u.a. durch das Ermöglichen einer Kohärenzerfahrung, jedoch auch durch das Erlebnis mittels der Literatur bestimmte Dinge selbst steuern und bestimmen zu können.

Ermöglichen von Kohärenz durch Werttherapie; z.B. indem Kohärenz für die Zukunft erwartet oder aus der Vergangenheit abgeleitet wird, falls in der Gegenwart nicht unbedingt abrufbar aber dennoch notwendig.

So kann diese Hoffnung auf Kohärenz (besonders wichtig gerade bei Trauma-Opfern) z.B. durch das Aufschreiben eigener Erlebnisse für die *„Nachwelt"* geschehen (Werttherapie, siehe aber auch Testimony Therapy). Auch die Lektüre von ähnlich Betroffenen kann eine solche Kohärenz-erfahrung bewirken. Auch die Suche nach *„Verbündeten"* vor der eigenen Zeit kann hier prägend sein. (Vgl. dazu die sogenannte „Goethe-Eiche" in einem Konzentrationslager nahe Weimar; evtl. literarisch umsetzen wie in dem Theaterstück:

„Das letzte Antlitz", basierend auf der *„Goethe-Eiche";* (vgl. auch die Suche nach Sinn über Transzendenz nach Viktor E. Frankl).

11. Psychologisches Vorgehen:

Die Arbeit mit Medien, die den direkten Gefühlsbereich ansprechen (vgl. dazu m.E. vor allem die Emotions-psychologie), verspricht primäres statt sekundäres Lernen. Jedoch hat sich ein solches Vorgehen, weg von gedanklich-analytischen oder technisch-zweckrationalen Überlegungen, mit einem diesbezüglich grundsätzlich veränderten Blickwinkel noch nicht in der wünschens-werten Form durchgesetzt. Dabei gilt für Medien und Literatur nun auch was früher der Kunst vorbehalten blieb:

„Kunst ist gleichzeitig Modell und Realität und hat damit gegenüber allen anderen Modellen einen gewaltigen Vorsprung. Kunst ist einerseits simulativ und damit eigentlich von sich aus schon pädagogisch genug:

„Trockenschwimmen für den Alltag.“ Sie ist jedoch gleichzeitig real. Ihre Prozesse sind in einem hohen Maße identisch. Somit könnte sie Vorbildwirkung für die Entwicklung pädagogischer Prozesse haben.“ [7]

---

[7] LIPPMANN, A.: Brücken zwischen Kunst und Alltag, Verlag Die Blaue Eule, Essen, 1998, S. 60

Dieses Phänomen kann beispielsweise durch die Arbeit mit ausgewählten Filmen oder Büchern genutzt werden. Diese humane Dimension ist jedoch die Basis für eine *Haltung*, welche das Thema Menschenwürde nicht außen vorlässt. Die Lektüre seiner Werke hat mich zu folgendem Resümee veranlasst:

> **Die Besinnung auf die unbedingte Würde des Menschen ist die größte ihm eigene individuelle und kollektive Kraftquelle.**

Viktor E. Frankl vertritt die Würde des Einzelnen in höchstem Sinne glaubwürdig, nicht nur durch seine wissenschaftlichen Erkenntnisse und seine Erfahrungen als Arzt und Psychotherapeut, sondern gerade auch durch die Erlebnisse, die er als Opfer des Holocaust durchleben musste. Die Logotherapie und Existenzanalyse, als deren Begründer Frankl in Anlehnung an Jaspers und Scheler gilt, betrachtet die Suche nach Sinn im Leben als Hauptmotivation des Menschen. Man kann Sinn, so Frankl, nicht wollen. Sinn erfüllt sich nur, wenn er ein Objekt findet. Der Wille zum Sinn hat einen intentionalen Charakter. Der Sinn ist konkret in Bezug auf die Einmaligkeit der Situation und der Einzigartigkeit der

Person. In ihrer Methodik greift die Logotherapie und Existenzanalyse auf die ganz spezifisch menschlichen Fähigkeiten zur Selbsttranszendenz (d.h. Ausrichtung auf etwas oder jemanden) und Selbstdistanzierung zurück. Sinn und Würde sind dabei untrennbar miteinander verknüpft.

Wie Sinn und Würde bewahrt werden konnten berichtet Frankl in seinen Memoiren: *„Trotzdem Ja zum Leben sagen. Ein Psychologe erlebt das Konzentrationslager."*[8]

Frankl schreibt zu seinen Erfahrungen: *„Das erste Mal in meinem Leben erfahre ich die Wahrheit dessen, was so viele Denker als der Weisheit letzten Schluss aus ihrem Leben herausgestellt und was so viele Dichter besungen haben; die Wahrheit, dass Liebe irgendwie das Letzte und das Höchste ist, zu dem sich menschliches Dasein aufzuschwingen vermag. Ich erfasse jetzt den Sinn des Letzten und Äußersten, was menschliches Dichten und Denken und – Glauben auszusagen hat: die Erlösung durch die Liebe und in der Liebe! Ich erfasse, dass der*

---

[8] Frankl, V.E. Trotzdem Ja zum Leben sagen. Ein Psychologe erlebt das Konzentrationslager, DTV, 1998

Mensch, wenn ihm nichts mehr bleibt auf dieser Welt, selig werden kann – und sei es auch nur für Augenblicke, im Innersten hingegeben an das Bild des geliebten Menschen." (S. 65)

„Wer von denen, die das Konzentrationslager erlebt haben, wüsste nicht von jenen (…)

Menschengestalten zu erzählen, die da über die Appellplätze oder durch die Baracken des Lagers gewandelt sind, hier ein gutes Wort, dort den letzten Bissen Brot spendend? Und mögen es auch nur wenige gewesen sein – sie haben Beweiskraft dafür, dass man dem Menschen im Konzentrationslager alles nehmen kann, nur nicht: die letzte menschliche Freiheit, sich zu den gegebenen Verhältnissen so oder so einzustellen.

Und es gab ein „So oder so"!" (S. 108)

Hier bezieht sich Frankl unter anderem auf die Hingabe an einen anderen Menschen, gekennzeichnet durch liebende Wertschätzung – und sei es in Gedanken. Die Kraft dieser Gedanken ermöglichte es ihm etwas Unbeschreibliches zu überstehen. Sie boten ihm eine entscheidende Ressource im täglichen Kampf um das Überleben, welches, nach Frankl, niemals nur ein reines Überleben sein darf bzw. sein sollte. Welche Konsequenzen hat dies nun für die Vermittlung der Wert-Therapie?

12. Vermittlung der Wert-Therapie

Ich gehe im Folgenden vom Konzept des „persönlich bedeutsamen Lernens" aus, da ich mir hiervon eine nachhaltige Vermittlung der Wert-Therapie verspreche.

„Das Konzept des „persönlich bedeutsamen Lernens" in der gestaltpädagogischen Didaktik zielt auf eine Verbindung des Lernens mit Persönlichkeitsentwicklung ab (BÜRMANN, 1992). Wesentliche Komponenten des Lernens sind hier Offenheit und Sensibilität, innere Beteiligung, Motivation und Engagement, gefühlsmäßige Verbundenheit mit den Dingen, moralische Verantwortung für das Lernergebnis, sowie biographisches Lernen." [9]
„Persönlich bedeutsames Lernen entspricht insofern dem Begriff der Selbsterfahrung, als es auch um das „Sich-Selbst-Erleben" geht, was immer eine Veränderung oder Erweiterung der Struktur der eigenen Person-Umwelt-Beziehungen bedeutet." [10] *„Persönlich bedeutsames*

---

[9] GRUBER, H., S. 130, nach BÜRMANN, J.: Gestaltpädagogik und Persönlichkeitsentwicklung. Theoretische Grundlagen und praktische Ansätze eines persönlich bedeutsamen Lernens, Bad Heilbrunn, Klinkhardt, 1992

[10] GRUBER, H.: Erfahrung als Grundlage kompetenten Handelns, S.

Lernen besitzt die Merkmale der Bezogenheit, des Kontakts und der Sinnerfahrung (Bürmann, 1992). Unter Bezogenheit ist zum einen die Interaktion zwischen einem Individuum und seinem sozialen Umfeld gemeint, zum anderen die Möglichkeit reflexiver Aneignung beim Lernen. Erfahrung im Kontakt bedeutet, dass nicht nur Erfahrung mit Objekten gemacht werden kann, sondern, und vor allem auch Erfahrungen eigener Veränderung durch Kontakt, durch Verknüpfung der inneren Erfahrungswelt mit der Umwelt. Sinnerfahrung spielt darauf an, dass sich Lernende in einem größeren Zusammenhang erleben sollten." [11] Hinzu kommt folgender Aspekt: *„Lernepisoden sind in individuelle Biographien eingebunden, so dass zur Beantwortung der Frage, welche davon bedeutsam sind, biographische Methoden mitverwendet werden müssen."* [12] Mit *„persönlich bedeutsamen Lernen"* fokussiert BÜRMANN deutlich auf die *„inneren Prozesse im individuell Einzelnen."*[13] BÜRMANN entwickelte seinen Begriff des

---

[11] GRUBER, H.: Erfahrung als Grundlage kompetenten Handelns, S.

[12] GRUBER, H.: Erfahrung als Grundlage kompetenten Handelns, S. 104

[13] BÜRMANN, J.: Gestaltpädagogik und Persönlichkeitsentwicklung,

„persönlich bedeutsamen Lernens" (und der *„persönlich bedeutsamen Erfahrung"*) in Anlehnung an den von G.W. ALLPORT (unter Rückgriff auf G. RAZRAN 1955) formulierten Begriff des *„biographical learning"* (1969 / 105 ff.). Dies kann sich die bibliotherapeutische Arbeit ganz besonders zunutze machen. Abschließen möchte ich mit einem Zitat Viktor Emil Frankls. Die Tiefe seiner Gedanken bewegt und berührt mich von der Begegnung an, welche ich mit seinen Schriften haben durfte. Und so ist es mir eine außerordentliche Ehre dieses Schriftstück mit einem Zitat dieses außergewöhnlichen Menschen zu beschließen. *Die letzte der menschlichen Freiheiten besteht in der Wahl der Einstellung zu den Dingen.* Eine solche Einstellung muss zum Teil geradezu „errungen" werden. Auch hier kann die Bibliotherapie helfend und begleitend zur Seite des Menschen stehen, der ihrer bedarf, Über die Auseinandersetzung mit der Geschichte und der Literatur halte ich die aktive Verwirklichung der (eigenen) Werte im Alltag für unabdingbar, um hiermit der Selbstwirksamkeit einen Raum zu bieten. Das aktive Verwirklichen von Werten setzt eine Sensibilisierung von Sprache voraus,

---

Verlag Julius Klinkhardt, Bad Heilbrunn / Obb., 1992, S.11

die häufig genug nicht reflektiert wird. Zum Zusammenhang von Sprach-Sensibilisierung und Wert-Therapie lässt
sich. Ein Beispiel von HELLER nennen: *„Geschehen ist,
dass vom Vernichtungspersonal der Nazis selektierte
Menschen, Familien mit ihren Kindern, die meine und
deine Verwandten sein konnten, zu Tausenden mit Giftgas
qualvoll umgebracht wurden. Der Fall war, dass Nazis
etwas taten, das von Anhängern ihrer Ideologie später
„vergasen" genannt wurde. Menschen wurden in dem
Vernichtungsapparat dieses deutschen Regimes nicht wie
Ungeziefer „vergast", sondern, aus herrschender Sicht, als
Ungeziefer vergast. Das transportiert, wer dieses Wort
gebraucht, mit oder ohne Anführungszeichen, es sei denn,
er setzt sich damit auseinander."*[14] *„Mord bedeutet im
allgemeinen Verständigungsrahmen gegenwärtig das
unrechtmäßige gewollte Töten von Menschen. Die Täter
töten Menschen. Die mögen sie hassen, verachten oder
sogar lieben, aber im Augenblick des Tötens ermordet ein
Mensch einen anderen Menschen. Wenn jedoch Täter
Menschen als Ungeziefer mit Gas vernichten und für
diesen Vorgang, einschließlich dessen, was er bedeutet,*

---

[14] HELLER, G.: Lügen wie gedruckt. Über den ganz alltäglichen

ein Wort erfinden, und ich gebrauchte diese Worterfindung, dann identifiziere ich mich damit, mache die Vernichteten erneut zu Ungeziefer. Der Unterschied besteht darin, ob ich sage: „Sie haben den Mann, er hieß Antonius, wie eine Ratte ersäuft, oder ob jemand sagt: „Sie haben die Ratte Antonius ersäuft." Selbst wenn in der letzten Aussage das Wort Ratte fehlte, es also hieße: „Sie haben Antonius ersäuft", färbte noch immer das den Menschen Entwürdigende dieses Ausdrucks auf Antonius ab."[16]

Journalismus, Klöpfer & Meyer, 1997, S. 111

[16] HELLER, G.: Lügen wie gedruckt. Über den ganz alltäglichen Journalismus, Klöpfer & Meyer, 1997, S. 117

13. Das aktive Verwirklichen der unbedingten Werte im Alltag

An dieser Stelle möchte ich einen Schüler zitieren, der sich selbst als eher schüchtern und wenig selbstbewusst beschreibt. Umso verwunderter war er über sich selbst, als er spontan einem Mitschüler zu Hilfe kam, der wegen seines Aussehens des Öfteren gehänselt und schikaniert wurde. *„Ich hab´ nur gedacht: so was darf nicht gehen".*

Als mitauslösend interpretiert er selbst seine Empfindungen während des Geschichtsunterrichts, in dem die Verbrechen des Holocausts samt ihrer schleichenden Vorformen behandelt wurden. Dieser schlichte Gedanke *„So was darf nicht geben",* habe sich dann bei ihm festgesetzt und auch sein eigenes Leben und Selbstempfinden beeinflusst. So lässt er sich nach eigenen Angaben seither selbst viel weniger gefallen.

Sein *„so was darf nicht gehen"* in einem übertragenen Sinne hat sich also auch auf den konkreten Schutz seiner eigenen Person in Momenten erfahrener Ungerechtigkeit ausgeweitet. (Dies ist jedoch auch kritisch zu sehen, da die Gefahr von Fundamentalismus in anderer Richtung droht, falls eine Identifikation explizit nur darüber abgeleitet wird).

Das aktive Verwirklichen der Werte ist aber auf das oben Genannte nicht beschränkt. Auch das Einhalten einer gewaltfreien Kommunikation wäre ein weiteres Beispiel. Literatur hierzu findet sich bei Marshall ROSENBERG. Doch auch dies ist nur ein Baustein unter vielen, wobei es letztlich dem Einzelnen überlassen bleibt was er anwenden möchte und was nicht, was er hinzufügen möchte (über die hier umrissenen Punkte hinausgehend). Letztlich geht es, wie auch in originär-therapeutischen Prozessen, um die Erweiterung der Möglichkeiten des Patienten / Klienten.

Diese kleine Einleitung kann zunächst nicht mehr als Impulse zu liefern, wobei ich hoffe, dass dies geschehen konnte. Über einen Austausch in dieser Thematik freue ich mich. Kontaktieren Sie mich gerne unter:

CJ.Schulze@gmx.de

Sämtliche Erfahrungen, die Sie in dieser Hinsicht gemacht haben, oder Ihre sonstigen Gedanken zu dieser Thematik, sind für mich von großem Interesse. Ich bedanke mich zunächst an dieser Stelle für Ihr Interesse.

All diese Zeilen meines Essays widme ich einem der größten, stillen Helden der Menschheit- in meinen Augen: Janusz Korczak.

Ich wünsche niemandem etwas Böses.
Ich kann das nicht.
Ich weiss nicht, wie man das macht.

(Janusz Korczak)

Zugleich gedenke ich zutiefst derer, denen in diesem Leben Gewalt angetan wurde; die mit ihrem Leben bezahlen mussten, mit dem Leben ihrer Liebsten, mit Lebensfreude, mit ihrer Unversehrtheit und mit ihren Rechten: Mit all dem, dessen sie beraubt wurden.

13. 1 Avi Faintoch

Avi Faintoch, ein israelischer Komponist schreibt:

I remember it like it was this morning....

The End of the summer 2000 I began my way with "Galron Singers" a wonderful singing group in the city of Kfar-Saba Israel. For me It was a big compliment, for this group was one of the best in the country.

On winter 2001 the group asked me to conduct a program in Germany/Leverkusen and the cities around. It was a shock for me. Most of my family was murdered in Germany (11 from my fathers` side, 15 from my mothers` side) and I did swear to myself that my foot will never walk ever on a German earth. The group talked about how important to do it, they tried to convince me because of this man in the

MUSIKSCHULE in Leverkusen who is building a bridge of peace between the nations. They told me:

"We try to remember what the 2nd World War has done to your nation and now we are doing our best to do things better."

Still I couldn't do it. I was consulting a friend of mine, an old conductor who was an Auschwitz survivor.

"You see the number on my hand"? He wanted to know and then he replied: „That's the reason why I am going to preform in Germany twice a year. Every time when I was on the stage its like I say to them: "You didn't kill me. I'm here and you applause to me and to my choir".

It was so powerful and the tears were all over my face and I decided to go. It was a very powerful experience. Full with emotional reaction.

In the MUSIKSCHULE I saw unbelievable things. I saw and listened to a group of children playing "Klezmer" music perfectly. Children singing "Yiddish" songs from the Ghetto.

Choirs around the elementary schools singing Israeli songs.

On the other hand, every time when I saw the big symbol in the sky: „BAYER", I was crying for my family, for our six million who were murdered including 1.5 million children, After this first visit I was there seven times more for shows, for workshops and all the things which connect people to each other.

Many of the singing children groups and with a lot of players were visiting Israel and playing "Yiddish" music specialty in places of senior citizen who are also Holocaust Survivors.

(Avi Faintoch, composer& conductor, November 2021)

Hier erlebte der Komponist Avi Faintoch eine große Wertschätzung, welche sich retrospektiv auf das bezog, was seiner gesamten Familie in der Vergangenheit nicht nur verweigert wurde, sondern geraubt wurde - in der unfassbaren Konsequenz ihrer Ermordung, welche an Grausamkeit nicht zu überbieten gewesen war, und welche, für immer, denen die Würde nahm, die sich dieses Verbrechens schuldig gemacht hatten.

Eine „Wiedergutmachung" kann es nicht geben, so etwas ist einfach nicht möglich in Anbetracht dessen, was war. Doch sind es sehr persönliche Gesten der Annäherung, Brücken, Ausdruck einer gegenseitigen großen Wertschätzung, getragen durch das verbindende Element der Musik, welche das Potential hat uns als Menschen zu einen. Bis heute ist seine Familie, seine Kinder und Enkel, aber vor allem auch die Musik sein Lebenselixier und seine persönliche Brücke zu dem, was der Mensch im Guten, im Besten vermag. (Bild: Avi Friedmann)

Seine Form der Bibliotherapie ist die nachfolgende: Er vertonte diese Inschrift, die auf dem Warschauer Friedhof zu lesen ist. Es geht darin um einen Jungen, der Nahrungsmittel in das Warschauer Ghetto schmuggelte um sich und seine Mutter vor dem Hungertod zu bewahren. Innerhalb weniger Minuten hatte er eine Melodie für eben diese Zeilen komponiert.

Er berichtete mir, dass die Melodie zum Text in kürzester nur so aus ihm herausströmte. Seine eigene, höchst tragische Vergangenheit, die Vergangenheit seiner ermordeten Vorfahren wurde durch das Lesen dieses Textes in ihm lebendig. Bibliotherapie hier mit Musik. Seine Chöre führen dieses Stück auf, in Israel, und hoffentlich bald auch in Deutschland.

המבריח הקטן – הנריקה לוזברט/אבי פיינטוך
מבעד קירות סדקים משמרות
חוט תיל חורבות וגדרות מורעב
עז פנים ועקשן כרוח אחמוק,
כעשן.
ואם יד הגורל תשיגני תוך כדי
משחק זה במפתיע את אמא
אל תחכיני זו מלכודת חיים זה
הגיע.
ורק עלי שפתיים תקפא
דאגה אחת מי לך אמא,
אמא שלי מחר יביא עוד
פת?

64

Hier der gesamte Text in
Englischer Übersetzung. Er ist auf dem
Warschauer Friedhof in Hebräischer,
Polnischer und Englischer Sprache
nachzulesen.

Little smuggler

Through walls, through holes,
through sentry points,
Through wires, through
rubble, through fences:
Hungry, daring, stubborn I
flee, dart like a cat.

At noon, at night, in dawning hours,
In blizzards, in the heat,
A hundred times I risk my life, I
risk my childish neck.

Under my arm a burlap sack,

On my back a tattered rag;
Running on my swift young legs With
fear ever in my heart.
Yet everything must be suffered;
And all must be endured, So
that tomorrow you can all
Eat your fill of bread.
Through walls, though holes,
through brickwork, At night,
at dawn, at day, Hungry,
daring, cunning, Quiet as a
shadow I move.

And if the hand of sudden fate
Seizes me at some point in this
game,
It's only the common snare of life.
Mama, don't wait for me.
I won't return to you,
Your far-off voice won't reach. The
dust of the street will bury The
Lost youngster's fate.
And only one grim thought, A
grimace on your lips:
Who, my dear Mama, who
Will bring you bread tomorrow?

—Translated
by Patricia
Heberer,
from Children
during the
Holocaust

Es ist auch mein guter Freund, Avi Faintoch gewesen, der mich darauf aufmerksam machte, dass die Brücke zwischen den Menschen zumeist eine *persönliche* ist. Der Respekt als Haltung und die Wertschätzung von einem Menschen zum anderen hin. Für ihn lebt in jedem Menschen etwas „Göttliches". Die Einen mögen es vielleicht verloren haben, man mag es das „Göttliche" nennen oder auch, wie ich es nenne, „die Würde". Der Mensch hört bis heute nicht damit auf, dem anderen Wert und Würde absprechen zu wollen. Avi Faintoch zeigt uns hier, wie in der Gemeinschaft, in der Musik etwas entstehen kann, was diesem klar und entschlossen entgegenzusetzen ist.

13.2 Karl-Heinz Seckinger und das „*Grab in den Lüften*"

Ich erfülle hiermit den ausdrücklichen Willen des 2019 verstorbenen Karl-Heinz Seckingers.

Karl-Heinz Seckinger machte bei mir eine Bibliotherapie und erzählte mir über zwei Jahre von seinen Erlebnissen.

Nachdem er Jahrzehnte zuvor einen groß angelegten Versicherungsbetrug (Mit Brandstiftung in massivem Umfang) in Karlsruhe angezeigt hatte, wurde er in die Psychiatrie gebracht.

Ich kann an dieser Stelle keine Aussage zu den medizinischen und sonstigen Hintergründen machen.

Ich weiß nur, dass ein Anwalt, den er damals um Hilfe bat, zu ihm sagte er solle froh sein, nach 1945 geboren zu sein, sonst hätte man ihn „*den Kamin hochgejagt*".

Damit war der Fall für ihn sodann erledigt. Mir graut es vor diesen Worten.

Herr Seckinger verblieb lange Zeit seines Lebens in der Psychiatrie.

Was ihm dort widerfuhr, da er in einem Brief Kafkas zusammengefasst den ich ihm in meiner umfassenden bibliotherapeutischen Materialsammlung gezeigt hatte. Er brach in Tränen aus und sagte, dass es tatsächlich noch niemandem gelungen sei, sein eigenes, nicht eben leichtes Leben zusammenzufassen wie es in diesem Auszug des Kafka-Briefs der Fall war.

Es ist kein Zufall, dass auch ich diese Passage des Kafka Briefs mir selbst besonders gut gefällt, vor allem in Hinsicht auf seine Schlussfolgerung.

Verlassen sind wir doch wie verirrte Kinder im Walde.

Wenn Du vor mir stehst und mich ansiehst, was weißt Du von den Schmerzen, die in mir sind und was weiß ich von den Deinen.

Und wenn ich mich vor Dir niederwerfen würde und weinen und erzählen, was wüsstest Du von mir mehr als von der Hölle, wenn Dir jemand erzählt, sie ist heiß und fürchterlich.

Schon darum sollten wir Menschen vor einander so ehrfürchtig, so nachdenklich, so liebend stehn wie vor dem Eingang zur Hölle...

- Aus einem Brief Kafkas an Oskar Pollak, 8.11.1903

Die Zeit in der Psychiatrie war für ihn diese Hölle gewesen. Inhaltlich gehe ich an dieser Stelle nicht näher darauf ein. Mögen diese Dinge in Vergessenheit geraten, nicht jedoch das, was hernach geschah:

Die letzten 25 Jahre seines Lebens verbrachte er damit, anderen Menschen zu helfen, Menschlichkeit und auch *Compassion* an jene zu geben, die von der Gesellschaft noch immer besonders fallengelassen und diffamiert werden. Er kümmerte sich engagiert um Patienten in der psychiatrischen Nachsorge und engagierte sich für die Integration von Asylbewerbern im SSC Donaueschingen, wo er vier junge Männer aus Gambia erfolgreich coachte.

Karl Heinz Seckinger, ein sportlicher, positiver und stets optimistisch gebliebener Mensch, der tief von seinem religiösen Glauben getragen wurde, wird mir immer in Erinnerung bleiben. Später reiste er sogar nach Gambia um die Menschen dort besser kennenzulernen. Er kannte keine Vorurteile, war großzügig und strahlte stets von innen heraus. Es war mir eine Freude mit ihm zu arbeiten. Er befasste sich mit Heiligen, wie vor allem mit dem Heiligen Franz von Assisi. Zugleich befassten wir uns in der Bibliotherapie damit, was für ihn „Wert" hatte, „Sinn" (hier nach Viktor Emil Frankl) und seine ihm über Jahrzehnte zugefügten seelischen Verletzungen konnten zwar nicht einfach heilen; dennoch beschrieb er selbst sie nach einer Weile als weniger tief. Auch ohne die Arbeit mit mir hatte er es zuvor bereits selbst vermocht sich durch die Beschäftigung und Erhaltung der Würde des Menschen in seiner täglichen Begegnung mit den Menschen aus der psychiatrischen Nachsorge und aus der Integrationsarbeit an das anzuknüpfen, das ausdrücklich zu stärken, was man versucht hatte ihm zu nehmen. Die engmaschige bibliotherapeutische Arbeit mit mir intensivierte dieses Phänomen noch. Mit dem Satz man habe jemanden wie ihn vor 1945 "den Kamin hochgejagt" kann ich, auch jetzt noch nicht, abschließen. Er wiederum konnte es. Sein Glaube war sehr stark und tief, ebenso seine Menschlichkeit wie ich sie in diesem Leben kaum jemals wieder erfahren habe. Die entsetzliche Rolle der Psychiatrie im sogenannten Dritten Reich ist eine mehr als beschämende. Und gerade deswegen bleibe ich so entschlossen bei der Grundaussage der „Wert-Therapie", dass nämlich der Wert, die Würde eines Menschen keinem Menschen genommen werden kann - mit einer einzigen Ausnahme: Jener, der sie versucht dem anderen zu nehmen, dem wird sie selbst genommen. Karl Heinz Seckinger schrieb sich seine Geschichte von der Seele. Zum einen befasste er sich mit den Texten anderer, gerade auch mit Texten aus der Bibel. Zu Anderen schrieb er selbst seine Erinnerungen auf, suchte nach Spuren des Guten in ihnen. Er wurde fündig.

13.3 Eine eigene Erfahrung

Eine eigene, sehr persönliche Erfahrung möchte ich in diesem Zusammenhang ebenfalls schildern. Aus einem mir nicht ersichtlichen Grund, verbiss sich vor zwei Jahren ein bisher harmlos wirkender Mann in einen persönlichen und tiefen, persistierenden Hass auf mich. Ich weiß zwar, dass er gezielt gegen mich aufgehetzt worden war, hätte mir aber nicht träumen lassen, dass eine solche Hetze bei ihm wirken könnte - einem gutmütig wirkenden Mann, der eine gewisse Bildung aufwies, und mich über Jahre hin kannte. Ich musste bemerken, wie leicht es auch in unserer Zeit, Jahrzehnte später, war, einem Menschen vollständig das Recht auf seine Würde absprechen zu wollen, und das aufgrund von systematischen Intrigen durch Dritte. Er beschimpfte mich auf das Heftigste, gebärdete sich vollkommen enthemmt und versuchte mich zu schlagen.

Ich konnte ihm ausweichen und von mir wegstoßen. Menschen, die mit ihm Raum standen (die, welche ihn vermutlich auch aufgehetzt hatten), sahen nur tatenlos zu.

Danach, wohl um ihr komplettes moralisches Versagen zu rechtfertigen, drehten sie die Wahrheit herum, versuchten aus mir die Aggressorin zu machen.

Das Opfer, dem häufig, bewusst oder unterbewusst die Schuld zugesprochen wird (dies ist in der Sozialpsychologie als Mechanismus hinlänglich bekannt), in dem Fall war ich es, wurde dadurch ein zweites Mal zum Opfer. Durch das perverse Verdrehen der Tatsachen, durch die offenbar vollkommene Unfähigkeit Worte oder Taten der Entschuldigung, des Respekts oder der Versöhnung zu finden, konnte nichts heilen.

Nachdem ich die Sache zur Anzeige gebracht hatte, wurde sein Hass noch größer.

Er war besonders wütend darüber, dass seine Taten nun dokumentiert waren und nicht einmal im Ansatz in der Lage einzusehen, dass ich diese Dinge nur gemeldet hatte. *Er selbst* hatte so aggressiv und kopflos gehandelt, auch wenn alles nach außen hin anders geschildert wurde, vor allem wohl um von der unterlassenen Hilfeleistung mir gegenüber abzulenken, um vor sich selbst wohl gut dazustehen und sicherlich auch um einer empfindlichen Strafe zu entgehen.

Er, unfähig die Verantwortung für sein Handeln zu tragen, äußerte, noch immer in höchster Rage über die Anzeige, meinem alten Vater gegenüber, welcher als Kind den Weltkrieg noch miterlebt hatte, den unsäglichen Ausdruck ich gehöre „abgeholt". Über ein Jahr litt ich unter dieser Aussage, da für mich dieser Begriff unweigerlich an die NS-Zeit erinnerte.

Er hörte nicht damit auf mich anzugreifen. Über weitere 1,5 Jahre ging das so. Durch die zeitliche Ausdehnung konnte nichts heilen, griffen sonst über Jahre bewährte Kompensationsmechanismen nicht in einer Art wie es sonst möglich gewesen wäre. Er wurde hierbei von den gleichen Menschen gedeckt, die sich damals durch ihre unterlassene Hilfeleistung hervorgetan hatten. Es wurde dabei immer schlimmer und zunehmend grotesker; immer mehr Menschen wurden nichts ahnend in diese bizarre Lüge hineingezogen.

Sie glaubten sie offenbar ohne mich jemals hierzu zu Wort kommen zu lassen. Zugleich wurde vereitelt, dass ich mit auch nur einer Person aus der Gruppe separat sprach, um eine Befriedigung zu erreichen. Es war offenbar nicht erwünscht, eher sogar gefürchtet. Kinder, die mich wie eine eigene Mutter kannten, mir immer zutiefst vertraut hatten „mussten" nun auch an mir zweifeln, durften ihrem eigenen Bauchgefühl nicht mehr vertrauen. Sie kannten mich ihr ganzes Leben, kannten meine Friedfertigkeit, hatten sie über Jahre ausnahmslos an sich selbst erlebt.

Sie wussten, dass ich selbst Spinnen, Wespen, Mücken und Schnecken rettete; dass mein ganzes Dasein auf völliger Harmonie aufgebaut war. Meine plötzliche Rolle des aggressiven Sündenbocks (da ich den Mann ja in Notwehr von mir gestoßen hatte), erfüllte ganz offenbar eine essentiell wichtige Funktion bezüglich des inneren Zusammenhalts ihrer eigenen Gruppe.

Über die folgenden 18 Monate sammelten sich einige grobe Beleidigungen und sehr viele äußerst bedrohliche Situationen an. Ich erlebte mich nun als „vogelfrei", da der Mann, welcher sich in seinen Hass gegen mich verrannt hatte, offenbar alles tun durfte. Die „Banalität des Bösen" kam mir in den Sinn. Das Unrecht, welches ein Mensch begeht der sonst *keinerlei Macht* hat. Ein völliger Niemand, ein "Nobody", wie er von Hannah Arendt beschrieben wurde. Es machte ihm offenbar eine boshafte Freude kl.

Dinge „anzurichten", und sei es so etwas wie absichtlich Türen aufstehen zu lassen, Dinge in meinen Räumen zu ändern (Gaslighting), das Bild meiner an Krebs verstorbenen Mutter auf den Boden zu werfen um mich vermeintlich zu ärgern, zu zermürben, was meinen Eindruck des „Nobodys" verstärkte.

An diesen Gesten wurde mir jedes Mal seine prinzipielle Machtlosigkeit, seine tatsächliche Hilflosigkeit und das Unvermögen, mehr aus sich zu machen, im Positiven über sich selbst herauszuwachsen, vor Augen geführt. Ein „Nobody" also.

Hanna Arendt kannte solche Menschen lange vor mir. Hier ist nicht der Platz, um sich mit Hannah Arendt zu befassen, daher möchte ich mich nur auf einen eigenen, kurzen Assoziationen stützen.

Das Einzige, was diesem Mann offenbar blieb war es, explizite oder aber auch implizite Befehle auszuführen; dies von einem „Herren", einem „Anführer", den er offenbar als grandios erlebte und für er sogar bereit war das eigene kritische Denken, seine bisherige Integrität gänzlich zu opfern, bisherige Moralvorstellungen gleichsam über Bord zu werfen.

Dass er benutzt wurde, benutzt werden könnte, kam ihm dabei offenbar nicht in den Sinn. Vielmehr wurde er ja „belohnt" und in eine, von ihm als stark und machtvoll erlebte Gruppe geschützt, was ihm ebenfalls eine vermeintliche Macht und Anerkennung verlieh bzw. zu verleihen schien.

Er wurde mit großen, auch symbolisch aufgeladenen Sympathiebekundungen und Falschaussagen zu seinen Gunsten (fast) einstimmig von der Gruppe gedeckt.

Durch den Gruppenführer, der generell entwertend war, wurde er zwar hinter seinem Rücken als *„arme Sau ohne eigenes Leben"* bezeichnet. Dieses wusste er selbstverständlich nicht. Allein schon die verbale Bezeichnung, die Entmenschlichung als *„Sau"* fiel mir sofort als Selbstentlarvung auf. Der so bezeichnete vollzog die Aufgabe, welche ihm zugedacht worden war zuverlässig und treu ergeben wie der Soldat seines Herren.

Trotz all dieser seiner zahlreichen, verstörenden Angriffe blieb der Begriff des „Abgeholt-Werdens" für mich etwas besonders Belastendes, eine Kategorie sui generis.

Ich selbst beteilige mich seit Jahren an Aktionen wie der Reinigung der sogenannten „Stolpersteine". Diese Aktion, bzw. überhaupt das Projekt der „Stolpersteine" wurde von dem Künstler Gunter Demnig, im Jahr 1992 umgesetzt. Mit im Boden vor ihren damaligen Häusern verlegten kleinen Gedenktafeln, den sogenannten Stolpersteinen, soll damit stets an das Schicksal der Menschen erinnert werden, die unter dem Hitler-Regime auf unvorstellbare Art und Weise verleumdet, rhetorisch entmenschlicht, diskriminiert, verfolgt, sabotiert, deportiert, vertrieben, ermordet oder auch aus Verzweiflung in den Suizid getrieben wurden. Ich achte seit Beginn dieser Aktion täglich auf die vielen Stolpersteine in meiner Stadt.

Oft denke ich unwillkürlich an das, was sich dort, wo ich täglich vorbeigehe, abgespielt haben mag. Ich versuche mir die Geschichte hinter diesen Deportationen, diesem „Abgeholt-Werden" vorzustellen. In meiner Stadt befinden sich Stolpersteine, auf denen sich der gleiche Name befindet wie der Name meiner Nachbarn; wie der Name der Menschen, in deren Haus ich mich flüchten konnte, nachdem die Situation in meinem eigenen Haus zu unerträglich geworden war. Die unsägliche Vorstellung, wie Menschen „abgeholt", wie sie, häufig mitten in der Nacht, aus ihren Häusern geholt und in den Tod gebracht wurden ist etwas, über das ich nicht hinwegkomme und vermutlich nie hinwegkommen werde. In meinem Buch: „Vom Mut des Drachentötens" lasse ich Hannah Weiß, meine Protagonistin, daher folgende Aussage machen:

Plötzlich kam es mir lächerlich vor, dass ich mich zeitlebens unglücklich gefühlt hatte. Was für eine Verschwendung, dachte ich noch. Und doch wusste ich, ich wusste es tief in mir, dass meine Trauer keine Verschwendung gewesen war. Um Menschen zu trauern oder um Menschlichkeit ist niemals eine Verschwendung.

Ich erwähne dies so ausführlich um zu verdeutlichen, was es für mich bedeutete, als dieser Mann tatsächlich sagte ich gehörte „abgeholt".

Dieser Satz entsetzte mich über Monate hinweg. Was einen trifft und was einen verletzt hat sicherlich auch Wurzeln in dem was einem wichtig ist, welche eigenen Werte jeweils durch so eine Verletzung verraten werden.

Abgesehen von diesem gab es einen so großen und nachhaltigen und niederträchtigen Verrat durch enge Familienangehörige, dass ich eine ausgeprägte PTBS entwickelte.

Ich wurde systematisch aus meinem Haus vertrieben. Die Auswirkungen eines solchen Verrats kann vermutlich nur der verstehen, de Ähnliches widerfuhr.

Mein Anwalt verklagte ihn schließlich und forderte eine hohe Strafsumme. Sie war, in der Tat ganz ausgesprochen hoch, und ging weit über das hinaus, was in Deutschland bei Beleidigungen üblicherweise als Strafe erhoben wird. Als ich die Anklageschrift gegen diesen Mann schließlich sah, verbunden mit der Summe, fühlte ich mich zum ersten Mal *verstanden*. Ich hatte den Eindruck, dass der Anwalt und auch der Gesetzgeber *verstanden*, was da eigentlich gesagt worden war.

Bei Gericht konnte er jedoch, wie der vielzitierte Zauber aus dem Hut einen falschen Zeugen, nämlich seinen Bruder, zur Gefälligkeitsaussage heranziehen, welcher in einer Falschaussage schriftlich zu Protokoll gab, dass dieser Satz „*nie gefallen sei*".

Ich hätte auf einer Vereidigung bestehen sollen, doch war ich durch diesen hinterhältigen Taschenspielertrick und durch die Feigheit dieser Menschen wie vor den Kopf gestoßen. Nun erfuhr ich erneut wie es ist, wenn Menschen nicht zu dem stehen was sie geäußert haben, wenn ihnen nichts von dem Leid tut. *Mein Trost war der, dass sie sich selbst die Würde genommen hatten.* Mein guter Freund aus Israel, Avi Faintoch, war so freundlich mich, in dunklen Stunden, genau an diese meine Worte zu erinnern. Zum einen der, der sich hat aufhetzen lassen, zum anderen der, der dieses unmenschliche Verhalten, diese Worte mit einer zutiefst unethischen Falschaussage gestützt und sich somit hat anstiften lassen. *Denn ein Mensch, damit möchte ich schließen, kann sich immer nur selbst die Würde nehmen. Vor allem dadurch, dass er unablässig versucht, sie einem anderen zu nehmen.* Diese Geschichte ist weit von dem entfernt, was im vergangenen Jahrhundert passiert ist, und doch begann auch hier zunächst alles schleichend, sei es durch den systematischen und zutiefst bösartigen Versuch einer vermeintlichen „Entmenschlichung", sei es durch den vollkommenen Mangel an Respekt, sei es durch die fatale Überzeugung über einer anderen Person zu stehen, ein „Recht" dazu zu haben sie zu beleidigen, vielleicht erst subtil, dann stärker und verächtlicher. Hinzu kommt das vermeintliche Recht, diese Person zu verleumden und gezielt Lügen über sie zu verbreiten. Daher möchte ich explizit darauf hinweisen, dass die alten Mechanismen, und sei es „im Kleinen" durchaus noch wirksam sind. Der Mensch, das wissen wir mittlerweile, lernt in der Regel nicht durch die Geschichte. Natürlich möchte ich das, was mir widerfahren ist, ich wiederhole es ausdrücklich, nicht mit dem Holocaust vergleichen. Auf dem Schwarz-Spektrum ist es wohl irgendwo im Grau-Bereich. Doch geht es nicht um dieses, es geht nicht um solche „Abstufungen", das wäre nicht möglich.

Es geht mir vielmehr um das erneute Bewusst-Machen möglicher Anfänge, um psychologische Mechanismen, welche im Kleinen wie auch im Großen zum Tragen kommen und durch Entwertungsversuche entfesselt werden können.

Ich gebe zu, dass es mir mittlerweile selbst schwer fällt diesem Menschen noch Respekt zu zollen. Ich muss mich selbst daran erinnern, dass ich nicht besser wäre als er, würde ich die gleichen Mechanismen nun meinerseits anwenden. Trotzdem fällt es mir schwer.

Es ist immer leichter sich aufhetzen zu lassen, selbst aufgehetzt zu sein. Hingegen bedarf es einer gewissen Stärke und Größe um sich dagegen zu verwahren. Diese Stärke ist neuerdings eher selten zu finden. Wie gesagt nehme ich mich da nicht aus, kann jedoch, zumindest bis zu einem gewissen Punkt, von der bewährten Katharsis - Funktion der Bibliotherapie profitieren.

Vor dieser Erfahrung war ich ein Mensch, der in jedem ausschließlich das Beste sah.

Dies hat sich mittlerweile jedoch geändert, so dass meine Sicht auf die Welt nun eine realistischere sein dürfte. Ich habe zwischenzeitlich ausgesprochen tiefe menschliche

Abgründe gesehen, Momente, in denen Personen mir das Lebensrecht abgesprochen haben, und ich kann sagen, dass mich dies nicht unberührt gelassen hat. Aus meiner eigenen bibliotherapeutischen Materialsammlung habe ich mich daher zur Beschreibung dessen für einen Ausspruch von Friedrich Nietzsche entschieden:

Wer mit Ungeheuern kämpft, mag zusehen, dass er nicht dabei zum Ungeheuer wird. Und wenn du lange in einen Abgrund blickst, blickt der Abgrund auch in dich hinein.

Friedrich Nietzsche

Ich muss ich selbst dazu zwingen, diese Menschen nicht als „Ungeheuer" zu sehen, sie somit seinerseits zu „entmenschlichen", sondern höchstens als Menschen, die sich ungeheuerlich verhalten, und verhalten haben. Der Gruppenführer selbst beispielsweise war bereits in der Vergangenheit, das hatte ich kurz angerissen, durch zahlreiche, tückische Entwertungen anderer Menschen in Erscheinung getreten. Zum einen durch die stete *Nicht - Achtung* des Gesetzes, zum anderen durch die Abwertung der ihm anvertrauten Personen (z.B. seiner Patienten). Ein einziges Beispiel soll seine stark entwertende Haltung verdeutlichen: Diese Patienten mussten sich vor ihrer Behandlung entkleiden; eine ältere, kranke Dame sich ihrer Perücke entledigen. Beides wurde heimlich vom Gruppenführer fotografiert und über einige E-Mails mit hämischen und süffisanten Kommentaren an Freunde und Angehörige seiner „Gruppe" verschickt. Bereits Jahre vor dem Angriff auf mich erfolgte hier eine versuchte Entwertung. Was Nietzsche über den Abgrund schreibt

81

habe ich selbst als zutreffend erlebt. .Ziel der Wert Therapie für *mich* ist es daher, so stark wie nie zuvor, den Wert des Einzelnen hochzuhalten wie eine Fackel, wie ein Licht. Aufrecht halten können uns solch große Geister wie Janusz Korczak, dessen Licht die Welt noch immer erhellt und der uns zeigte, was die wahre Würde eines Menschen ausmacht. Allein der Gedanke an ihn gab mir im Lauf meines gesamten Lebens immer wieder die Kraft an meinen Werten, an der Hinwendung zum unbedingten Wert des Menschen, zu seiner unbedingten, nicht zerstörbaren Würde festzuhalten. In der Zeit, in welcher ich in eine so belastende Situation kam, galt dies für mich, als persönlicher therapeutischer Akt (gerade auch im Sinn der Wert-Therapie), ganz besonders. Aktiv suche ich nun das Wissen um Janusz Korczak und um Viktor Emil Frankl, sowie um weitere Vorbilder der Menschheit und der Menschlichkeit immer wieder an andere Menschen weiterzugeben. Ein sehr aktuelles Projekt hierbei, mit der Unterstützung der „Bärbel Schulze Stiftung" (Diese Stiftung wurde etwa ein Jahr nach dem Tod meiner Mutter ins Leben gerufen um das, was sie war, nämlich ein *Wert*-schätzender Mensch auch noch lange nach ihrem Tod weiterzutragen) ist es, ein ausgewähltes Kinderbuch über Janusz Korczak unterschiedlichen Kindereinrichtungen kostenfrei zur Verfügung zu stellen. Dies in Kombination mit gezielten Fragen, welche ich aus der Arbeit mit der Wert-Therapie entnehme. Es handelt sich hierbei um das Buch: „Die letzte Reise" der Autorin Irène Cohen-Janca. Die sehr kunstvollen Illustrationen stammen von Maurizio A. C. Quarello. Auf einer Ausklappseite hat der Illustrator

den Auszug der Kinder aus dem Warschauer Ghetto ge-
zeichnet.

Dieses Buch weist auf die Größe und die Verdienste des
Arztes und Schriftstellers Janusz Korczak auf besonders
beeindruckende, zutiefst berührende, unvergessliche
eindringliche und aufrüttelnde Art und Weise hin, ohne sich
jemals hin zu der, von Janusz Korczak nie gewollten,
Sentimentalität zu verirren.

14. Monumente von Janusz Korczak

Hier das Monument von Janusz Korczak mitsamt seiner
Kinder auf dem Jüdischen Friedhof in Warschau.

14.1 Israel Monumente für Janusz Korczak

14.2 Jerusalem Yad Vashem

15. Auszug aus meinem Buch: „Vom Mut des Drachentötens" (Exemplarische Schreibtherapie)

Mein Name ist Hannah Weiß. Ich komme aus der tiefsten Schweiz, und meine Familie beschwert sich oft und gern über meinen mangelnden Humor. Als wäre ich zu einem solchen verpflichtet. Was sollte das überhaupt bedeuten? Möglicherweise wussten das meine Eltern aber selbst nicht. Ihre fast greifbare Ratlosigkeit im Umgang mit mir war nur schwer zu übersehen. Als Kind wurde ich sogar regelmäßig zu einem Psychologen und zu einem Kräuterheiler nach St. Gallen geschickt. Die konnten aber auch nichts ausrichten. Herr Sutter hielt mich für eine Enttäuschung über seine Theorie, so dass ich ihn im Alter von 12 Jahren nicht mehr konsultieren durfte.

Seitdem habe ich eine etwas gespaltene Beziehung zu Kräutern. Eine Enttäuschung zu sein fühlte sich zudem nicht gut an. Niemand aus meiner gesamten Familie hat Deutschland jemals wieder betreten. Niemand, seit meine Urgroßeltern, seit Martha und Johann Weiß, in diesem Land ermordet wurden. Aber es gibt, irgendwo im unheimlichen Süden dieses Landes, noch das weiß-blaue Feiertags-Porzellan meiner Urgroßeltern. Eine Nachbarin hatte es damals für sie aufgehoben. Wir haben es jedoch nie abgeholt, denn meine Familie hat sich geschworen, den Boden dieses einen Landes niemals wieder zu betreten. Sie reden auch nicht über das, was war.
Beinahe alles, was ich persönlich über den Holocaust weiß, habe ich mir aus Büchern und Filmen angeeignet.

Das Tagebuch der Anne Frank und andere dieser historischen Dokumente habe ich für eine Weile ununterbrochen gelesen. Immer wieder von vorne. Gesprochen habe ich darüber nicht, nicht mehr. Das Gesicht meines Vaters sieht nämlich immer noch ein wenig müder aus als sonst, wenn ich ihn danach fragte. Todmüde trifft es am besten.

Seine Bewegungen sind oft langsam, und seine Stimme ist leise. Fast würde ich sagen, dass auch sein Humor etwas zu wünschen übrig lässt, im alltäglichen Leben meine ich. Aber das würde er wohl nie zugeben. Meist wirkt er einfach nur erschöpft. Manchmal redet er über ihn, über den Weltuntergang. Als er noch jung war, hat ihm ein alter Mann aus dem Ort davon erzählt, während er vor dem großen Eingangsportal des Rathauses mit all seinen Freunden herumsaß.

Nach seiner Interpretation der Bibel wird sich sodann die Sonne verfinstern, der Mond wird sich blutrot färben und die Sterne werden vom Himmel fallen. So hat es der alte Mann damals meinem Vater offenbart.

Als Kind habe ich nachts oft geschaut, ob der Mond noch weiß war.

Manchmal sah es so aus, als seien die Sterne allesamt schon vom Himmel gefallen.

Seit dieser Zeit habe ich einen schlechten Schlaf.

Das Gute daran ist, dass ich mich dadurch immer genau an meine Träume erinnern kann. Auch wenn viele dieser Träume schrecklich sind. Ich weiß nicht, warum das so ist.

Aber ich träume von Deportationen, von Gaskammern und von Sternen, die vom Himmel fallen. Meine alte Tante Lilli wundert sich, dass ausgerechnet ich, die junge Generation, so gar nicht über den Holocaust hinwegkomme. Jedenfalls tut sie so. Wie soll man den über so etwas hinwegkommen?

Abgesehen davon, dass das prinzipiell nicht geht: Vielleicht komme ich auch deswegen nicht darüber hinweg, weil meine Eltern alles totschweigen wollen oder vielleicht irgendwie auch *müssen*. Doch, wie gesagt logisch ist das nicht, da es, meiner Ansicht nach tatsächlich nämlich prinzipiell nicht geht, nicht gehen kann über so etwas hinwegzukommen. Dennoch frage ich mich zuweilen, warum sie schweigen.

Manchmal kann man es anders vielleicht auch nicht ertragen. Etwas in mir sträubt sich trotzdem und überaus mächtig gegen dieses Totschweigen- wollen oder – *müssen* meiner Eltern.

Stille kann so sehr schmerzen.

Ich weiß, dass ich mehr auf die Gegenwart bezogen sein sollte. Und auf die Zukunft.

Aber ich kann es nicht.

Nicht ohne die Vergangenheit.

Und ich bin mir sicher, dass sich meine Tante Lilli auch nicht wirklich darüber wundert.

Sie möchte eben nur, dass ich glücklich bin, und es ist ihre Art mir das mitzuteilen. Aber ich kann nicht einfach still gemacht, schweigend, dabei unweigerlich andere und mich selbst täuschend in ein nicht in mir vorhandenes Glück eintauchen. Nicht einmal in das Leben. Das Leben, es ist so merkwürdig weit von mir entfernt. Ich kann nicht einfach heucheln und vorgeben, im Ansatz – oder darüber hinaus glücklich zu sein, denn ich träume von Menschen denen man Unbeschreibliches angetan hat und ich träume vom unaufhaltsamen Anwachsen der Unmenschlichkeit und des Vergessens. Es gibt nichts, was mich in solchen Nächten trösten könnte. Nicht einmal mein größtes Vorbild.

Sein Name war Janusz Korczak, sein Beruf war der eines Arztes und Schriftstellers. Obgleich ihm damals in Polen ein unaufhaltsamer, steiler akademischer Aufstieg bevorstand, wählte er sich einen vollkommen anderen, einen entgegengesetzten Weg. Er wollte nämlich viel lieber den Armen und Waisen in den Elendsvierteln Warschaus helfen. Das tat er dann auch mit ganzem Herzen. Janusz Korczak selbst litt viele Jahre seines Lebens unter der tückischen Krankheit übermäßiger Traurigkeit. Aber er war kämpferisch genug, um sich von dieser nicht besiegen zu lassen. Er kämpfte den Kampf den so viele vor ihm und so viele nach ihm verloren. Denn übermäßige Traurigkeit ist, das habe ich bereits selbst erfahren, die stärkste Gegnerin überhaupt. Sie höhlt einen von innen heraus aus und macht einen brüchig, so dass jede Erschütterung die Gefahr des Zerbrechens erhöht. Gegen sie zu verlieren ist keine Schande. Doch Korczak verlor selbst gegen sie nicht. Er ließ sich einfach nicht besiegen. Auch nicht von den Nazis. Korczak hatte einen geradezu unbezwingbaren Geist. Seine Stärke schien mir dabei immer übermenschlich zu sein. So als widerspräche er vehement den Gesetzen der Physik indem er, wenngleich durchzogen von brüchigen Linien wie grob erschüttertes Porzellan, er sich einfach strikt und tapfer, vielleicht auch stur, weigerte sein doch so augenscheinliches Zerbrochen-Sein zu akzeptieren und eben dadurch wie ein Unzerbrochener, ein unbezweifelt Unbesiegter mit den Kindern in den Tod zu gehen. Ich denke, dass es sein Gewissen war, seine moralische Stärke, die ihm diese große, eine sehr große Kraft verlieh. Insofern war sie menschlich. Nur eben, in einer Zeit ohne Gewissen musste sie kontrastierend einfach schon beinahe übermenschlich, heroisch erscheinen. Anders kann man es, in der Tat, kaum deuten. Direkt nach dem Kriegsausbruch 1939 zog er bewusst seine polnische Offiziersuniform wieder an und demonstrierte auf diese Weise deutlich seine ganze, seine uneingeschränkte Loyalität mit dem polnischen Volk. Als das Ghetto errichtet wurde, musste das jüdische Waisenhaus ebenfalls in ein Haus innerhalb der Ghetto-Mauern ziehen. Dort lebten Korczak und die Kinder. Sie lebten dort bis die Nazis am 22. Juli 1942 mit der Massentötung der Bevölkerung des Warschauer Ghettos durch die Deportationen nach Treblinka begannen. Am Mittwoch, dem fünften August 1942, war das bisher noch verschont gebliebene Waisenhaus Korczaks an der Reihe. Korczak selbst hatte wiederholt die Möglichkeit gehabt, sein eigenes Leben zu retten. Aber alle diesbezüglichen Vorschläge lehnte er empört ab. Er hätte eine solche Tat wohl als Verrat an den

Kindern und an seiner Aufgabe, an seinem Gewissen betrachtet. Und ich denke, dass er, als ethisch so hochstehender Mensch der er war, er einfach so handeln musste. Ein immer wiederkehrender Alptraum von mir ist die Deportation von Korczak und den Kindern. Ich hatte darüber gelesen. Danach war es mir ganz unmöglich, es zu vergessen. *„Alle raus!"*, brüllten die SS Männer und umstellten dabei das Waisenhaus. Die Kinder kamen die Treppe herab und stellen sich in Viererreihen auf. Janusz Korczak verließ als Letzter mit einem Kind auf dem Arm das Haus.

Die Kinder nahmen sich an der Hand. Korczak ging an der Spitze. Die Menge wich, so habe ich es gelesen, vor Janusz Korzcak, dem *„König der Kinder"* und den hinter ihm gehenden 200 Waisen zurück.

Eine lange Zeit brauchten sie bis ans andere Ende des Ghettos.

Hier wartete bereits der Todeszug nach Treblinka. Der furchtbare Traum endet immer genau an dieser Stelle, immer wieder schrecke ich in dem Augenblick auf, in dem der Zug das Ghetto verlässt.

Und ich bin erleichtert, dass es hier abbricht. Obgleich ich auch davon träume.

Nur wenigstens nicht im Zusammenhang mit Korzcaks Kindern.

Bis in den August 1943 hinein sterben in Treblinka 870.000 Menschen. Es gibt heute nur ein einziges Grabmal mit einem Namen darauf:

„Janusz Korczak und seine Kinder". (Claudia J. Schulze)

16. Anhang

Die Frage, was denn unter Würde bzw. Wert verstanden werden kann ist nicht eindeutig und einheitlich zu klären. Jegliche Festlegung könnte die Würde dabei selbst wiederum negieren.

Als juristisches / gesellschaftlich orientiertes Hilfskonstrukt mag dabei Artikel eins und zwei des deutschen Grundgesetzes herangezogen werden; wobei dies eine leider sehr verkürzte Darstellung ist.

(Es fehlt z.B. das Recht auf seelische Unversehrtheit).

Artikel 1 des deutschen Grundgesetzes lautet:

» (1) Die Würde des Menschen ist unantastbar. Sie zu achten und zu schützen ist Verpflichtung aller staatlichen Gewalt.

(2) Das deutsche Volk bekennt sich darum zu unverletzlichen und unveräußerlichen Menschenrechten als Grundlage jeglicher menschlichen Gemeinschaft, des Friedens und der Gerechtigkeit der Welt.

(3) Die nachfolgenden Grundrechte binden Gesetz-gebung, vollziehende Gewalt und Rechtsprechung als unmittelbar geltendes Recht. «

Artikel 2 des deutschen Grundgesetzes lautet:

» (1) Jeder hat das Recht auf die freie Entfaltung seiner Persönlichkeit soweit er nicht die Rechte anderer verletzt und nicht gegen die verfassungsmäßige Ordnung oder das Sittengesetz verstößt.

(2) Jeder hat das Recht auf körperliche Unversehrtheit. Die Freiheit der Person ist unverletzlich. In diese Rechte darf nur auf Grund eines Gesetzes eingegriffen werden. « (Das Grundgesetz für die Bundesrepublik Deutschland) Emotional ist das GG häufig leider nicht wirklich nachvollziehbar, es bleibt in der Realität viel zu oft ein reines *Lippenbekenntnis.*

Dennoch ist es zunächst einmal ein deutliches, schriftlich fixiertes Bekenntnis! Die zentrale Wichtigkeit einer solchen Voraussetzung ist enorm. Dort, wo es noch nicht einmal die „Lippen"- oder die geschrieben Bekenntnisse gibt, fehlt ein zentraler Anhaltspunkt; eine wichtige Orientierungsmarke. So ist das Wort, ausgesprochen oder schriftlich festgehalten, immer von großer Bedeutung, was sich die bibliotherapeutische Arbeit zunutze machen kann. Zugleich geht hiermit eine große Verantwortung einher, der man sich stets bewusst bleiben muss

17. Nachwort

Vielleicht braucht es das Höchste, um das Tiefste zu verkraften.

(Claudia J. Schulze)

„Was also ist der Mensch? So fragen wir nochmals.

Er ist ein Wesen, das immer entscheidet, was es ist. Ein Wesen, das in sich gleichermaßen die Möglichkeit birgt, auf das Niveau eines Tieres herabzusinken oder sich zu einem heiligmäßigen Leben aufzuschwingen.

Der Mensch ist jenes Wesen, das immerhin die Gaskammern erfunden hat; aber es ist zugleich auch jenes Wesen, das in eben diese Gaskammern hineingeschritten ist in aufrechter Haltung und das Vaterunser oder das jüdische Sterbegebet auf den Lippen.“[15]

Von der Tiefe der versuchten Entwertung- hoch zu den höchsten Gipfeln. Dies in mehrfacher Hinsicht. Auf diesen Bildern sieht man konkret Viktor E. Frankl, der tatsächlich beim Bergsteigen Gipfel erklimmt; man sieht Avi Faintoch,

---

[15] Aus: FRANKL, V.E.: Der leidende Mensch; Anthropologische Grundlagen der Psychotherapie, Verlag Hans Huber, Bern, Stuttgart, Toronto, 1984, S. 218 Bildquelle Viktor E. Frankl: https://www.google.de/search?q=Bild+Viktor+E.+Frankl&client=firefoxb&dcr=0&tbm=isch&tbo=u&source=univ&sa=X&ved=0ahUKEwiYp8WX 6NnWAhUIblAKHagKD3oQsAQIJQ&biw=1536&bih=725#imgrc=2O2ki vBEN5q6uM: Nachfolgend im höheren Alter beim Bergsteigen zu sehen.

der eine der höchsten Errungenschaften der Menschheit, die Musik, zu seiner Trösterin, Werte Verwirklicherin und Brückenbauerin auserkoren hat.

Da er ein guter, persönlicher Freund ist, sprechen wir häufig darüber. Ich fühle mich durch seine Sichtweise bereichert und persönlich ermutigt. An dieser Stelle möchte ich ihm hierfür danken!

Karl-Heinz Seckinger umgab sich, vor allem in den letzten 30 Jahren seines Lebens stets mit Heiligen. Er fand dort die Heimat, die ihm auf dieser Welt nie zuteilwurde. Das hatte er mehr als einmal erwähnt; immer mit dem Versuch eines Lächelns auf den Lippen, welches ihm nicht immer gelungen ist. Dennoch zählt, davon bin ich überzeugt, allein schon der Versuch.

Karin Ritter wurde, Jahre nach ihrem Tod, nach Zusammenbruch des totalitären Regimes, im Rahmen einer Ausstellung über mutige Frauen schließlich postmortem wertgeschätzt und geehrt.
Es gab Workshops und Schreibgruppen, die sich mit ihrer Geschichte befassten. Einige davon waren von mir geleitet. Die Teilnehmerinnen dieser Workshops arbeiteten nicht nur kognitiv; vielmehr gerade auch emotional an dieser Lebensgeschichte, die sich zum Teilen durchaus mit ihren eigenen Lebensgeschichten kreuzte, auf die eine oder andere Art. Zwar nicht in dieser so geballten, so explizit systematisch hervorgerufenen Form; dennoch. Ihr Andenken wird aufrecht erhalten. Hier nun wurde Bibliotherapie mit Kunst gemischt. (Hinweis:

Das Bild ist Teil einer Ausstellung.

Wir haben es im Rahmen der Workshops aufgegriffen und über die Visualisierung weitere Visualisierungen gebildet, welche dann wiederum jeweils zur Grundlage verschiedener geschriebener Ausdrücke wurde. Zugleich wurden jedoch auch als weiterer Weg Bilder als expressive Ausdrucksmöglichkeiten erstellt. Bibliotherapie lässt sich gut mit anderen Medien (Kunst, Musik) kombinieren).

Die hierbei am häufigsten verwendeten Begriffe waren u.a.: „Diskreditierung, Kriminalisierung, Kompromittierung." Mit diesem Projekt ehrten wir das Andenken an Karin Ritter im Sinn der Wert-Therapie.
Wie es mit meinem Janusz Korczak Projekt weitergehen wird; darauf bin ich jetzt schon gespannt. Derzeit verteile ich das weiter unten aufgeführte Buch an Kindereinrichtungen; darüber wurde an anderer Stelle bereits berichtet.

Der Weg, den ich zu meinem Ziel hin eingeschlagen habe, ist weder der kürzeste noch der bequemste; für mich jedoch

ist er der beste, weil er mein eigener Weg ist.

(Janusz Korczak)

Als ich unlängst meine Freundin anrief, und mir diese, kurz vor Abschluss dieses Buches, erzählte, dass ihr jugendlicher Sohn gerade in der Schule an einem Projekt teilnimmt, bei welchem die Schüler die oben erwähnten

„Stolpersteine" putzen, und sich mit der persönlichen Geschichte der aus diesen Häusern vertriebenen und später überwiegend ermordeten Menschen befasst, hatte ich den Eindruck, dass sich hier, auf eine Art, ein Kreis schließen könnte.

Sicherlich wird es, und kann es, natürlich keine wahre Wiedergutmachung mehr geben.

Opfer und Täter sind tot, in die Geschichte „gefallen", und diese Geschichte ist nicht mehr zu ändern.

Uns bleibt, bei all der Bitterkeit dieser Erkenntnis, die Gegenwart in welcher wir Wert-schaffend, *Wert*-erhaltend tätig werden können - und den uns Nachfolgenden bleibt die Zukunft.

18. Janusz Korczak Kinderbuch

Liebe kann man nicht erzwingen, aber Respekt hat jeder verdient

(Janusz Korczak)

Dieses Buch schafft meines Erachtens das Potential zur Erschaffung von Empathie!
Im Sommer 1942 wurde der Arzt und Schriftsteller Janusz Korczak mit all seinen Waisenkindern von der SS zum Abtransport in das Vernichtungslager Treblinka abgeholt. Die Geschichte in diesem beeindruckenden Buch wird aus der *Wir-Perspektive* der Waisen des Ghettos, welches zunehmend zu eine, KZ Sammellager wird, erzählt. Der Zeitraum erstreckt sich auf die letzten Jahre von Janusz Korczak und den Waisenkindern des Warschauer Ghettos. Die Zeichnungen wirken selbst wie Zeitzeugen. Ihre Ausführung vermag es, Leser und Leserinnen jeden Alters in ihren Bann zu ziehen. Das hängt auch damit zusammen, dass die Kinder den Leser / die Leserin direkt anblicken. Dies ist sehr eindringlich und, wie ich finde, selten. Dieses Buch ist eine wahre Kostbarkeit voller wundervoller Details. Quarello zeigt subtil die Vergänglichkeit, er zeigt sie an vermeintlichen kleinen Dingen in einer sehr verdichteten Symbolsprache, doch ebenso illustriert er auch die anderen Seiten des Lebens. Ein äußerst lebendiges, inspirierendes und plastisches Spektrum breitet sich vor dem Leser / der Leserin aus und nimmt ihn /sie für eine Weile beinahe an die Hand. Es gibt m.E. eine spürbare Interaktion zwischen Buch und Leser / Leserin welche ich als selten und als besonders schätzenswert empfinde.

19. Im Buch beschriebene Werte

_____

_____

_____

_____

_____

_____

_____

_____

_____

_____

_____

_____

_____

_____

_____

_____

_____

_____

_____

_____

_____

_____

_____

_____

_____

_____

_____

_____

20. Literatur

ARENDT, H.: Über das Böse, Eine Vorlesung zu Fragen der Ethik, Piper, 2007

AHRENS, H.-J.: Biologische Funktionen individueller Differenzierung, Hogrefe, Göttingen, 1989

BANDURA, A. & WALTERS, R.H.: *Social Learning and personality development.* New York, 1963

BATESON, G., JACKSON, D.D., HALEY, J., WEAKLAND, J.: 1956. Toward a Theory of Schizophrenia.
Behavioral Science, 1, 251-264.

BECKMANN, J.: Kognitive Dissonanz: Eine handlungstheoretische Perspektive, Springer Verlag, Berlin,1984

BLÄSI, B.: Konflikttransformation durch Gütekraft; Studien zur Gewaltfreiheit, Bd. 4; LIT Verlag, Münster, 2001

CAMUS, A.: Der Mensch in der Revolte, rororo, 1997,

CAMUS, A.: Der Mythos von Sisyphos, rororo, 2000

CAMUS, A.: Die Pest, rororo, 1998

CAMUS, A.: Der Fremde, rororo, 1997

CELAN, P: Die Gedichte: Neue kommentierte Gesamtausgabe (Hrsg. WIEDEMANN, B.) Suhrkamp Taschenbuch, 2020

CHARLTON; M. / SCHNEIDER, S.: Rezeptionsforschung: Theorien und Untersuchungen zum Umgang mit Massenmedien, Westdeutscher Verlag, Opladen, 1997

CIOMPI, L.: Affektlogik: über die Struktur der Psyche und ihre Entwicklung; ein Beitrag zur Schizophrenieforschung, 2. Aufl., Klett-Cotta, Stuttgart, 1989

CIOMPI, L.: Außenwelt- Innenwelt: die Entstehung von Zeit, Raum und psychischen Strukturen, Göttingen: Vandenhoeck & Ruprecht, 1988

CIOMPI, L.: Die emotionalen Grundlagen des Denkens; Entwurf einer fraktalen Affektlogik, Vandenhoeck & Ruprecht, Göttingen, 1997

FESTINGER, L. (Hrsg. IRLE, M. und MÖNTMANN; V.): Theorie der kognitiven Dissonanz, Huber Verlag, Bern, 1978 (Vgl. dazu aber auch explizit seine gesamte Literatur!)

FOERSTER, H. v.: Das Konstruieren einer Wirklichkeit, in: WATZLAWICK, P. (Hrsg.), Die erfundene Wirklichkeit, 5. Aufl., Piper Verlag, München, 1988, S. 51

FRANKL, V.E.: Das Leiden am sinnlosen Leben, Herder Verlag, Freiburg, 2000

FRANKL, V.E.: Der leidende Mensch. Anthropologische Grundlagen der Psychotherapie, Huber Verlag, Bern, 2. Aufl., 1996

FRANKL, V.E.: Der Mensch vor der Frage nach dem Sinn, Piper Verlag, 1985

FRANKL, V.E.: Die Kunst, sinnvoll zu leben, Verlag Lebenskunst, Tübingen, 1996

FRANKL, V.E. Und trotzdem Ja zum Leben sagen; ein Psychologe erlebt das Konzentrationslager, DTV, 1998

FRANKL, V.E.: ...und trotzdem Ja zum Leben sagen; eine Sendung / Rose Kern; Viktor E. Frankl, ORF, 1994

FRANKL, V.E.: Was nicht in meinen Büchern steht, Kassette, Walter Verlag, 2001

FROMM, E: Die Pathologic der Normalität. Zur Wissenschaft vom Menschen, Ullstein Verlag, 3. Auflage 2009

FROMM, E: Die Seele des Menschen: Ihre Fähigkeit zum Guten und zum Bösen dtv, 2016

FROMM, E: Wege aus einer kranken Gesellschaft: Eine sozialpsychologische Untersuchung, dtv, 2003

GALTUNG, J.: Friede mit friedlichen Mitteln, Leske und Budrich, Opladen, 1998

HEINECKE, H.: Spielfilme im Politikunterricht, in: BUNDESZENTRALE FÜR POLTISCHE BILDUNG

(Hrsg.): Politikunterricht im Informationszeitalter – Medien und neue Lernumgebungen, Bonn, 2001

HELLER, G.: Lügen wie gedruckt, Klöpfer & Meyer Verlag (1997)

HUBER, A.: EQ - Emotionale Intelligenz, Heyne Verlag, München, 1996

IMMELMANN, K. et al.: Psychobiologie, Gustav Fischer Verlag, Stuttgart, 1988

KAFKA, F.: Briefe 1900-1912: Band 1 (Franz Kafka, Werke in Einzelbänden in den Fassungen der Handschriften), Hrsg. KOCH, H.-G.; Gebundene Ausgabe, S. Fischer Verlag, 1999

KAFKA, F.: Briefe 1913-1914: Band 2 (Franz Kafka, Werke in Einzelbänden in den Fassungen der Handschriften), Hrsg. KOCH, H.-G.; Gebundene Ausgabe, S. Fischer Verlag, 2001

KAFKA, F.: Briefe 1914-1917: Band 3 (Franz Kafka, Werke in Einzelbänden in den Fassungen der Handschriften), Hrsg. KOCH, H.-G.; Gebundene Ausgabe, S. Fischer Verlag, 2005

KAFKA, F.: Briefe 1918-1920: Band 4 (Franz Kafka, Werke in Einzelbänden in den Fassungen der Handschriften), Hrsg. KOCH, H.-G.; Gebundene Ausgabe, S. Fischer Verlag, 2013

KANT, I.: Die drei Kritiken - Anakonda Verlag 2015

KANT, I.: Kritik der reinen Vernunft, Wissenschaftliche Buchgesellschaft, Darmstadt, 1956

KEIFFER, M.G., 1968: The Effect of Availability and Precision of Threat on Bargaining Behavior. Ph.D. Dissertation. Columbia University: Teachers College.

KEMPF, W.: 1995. Aggression, Gewalt und Gewaltfreiheit. Diskussionsbeiträge der Projektgruppe Friedensforschung Konstanz, Nr. 30/1995.

KEMPF, W.: 1996a. Kriegspropaganda versus Friedens-Journalismus. In: Calließ, J. (Hrsg.), Das erste Opfer des Krieges ist die Wahrheit. Die Medien zwischen Kriegs-berichterstattung und Friedensberichterstattung.

KEMPF, W.: Loccumer Protokolle und 1996b. Konfliktberichterstattung zwischen Eskalation und De-eskalation. Wissenschaft und Frieden 2/96

LEISEGANG, H.: Einführung in die Philosophie, Göschen Verlag, Berlin 1956

R.J.LIFTON, R.J. / MARKUSEN, E.: Die Psychologie des Völkermords: Atomkrieg und Holocaust, Verlag KlettCotta, Stuttgart, 1992

R.J.LIFTON, R.J.: The Nazi doctors: medical killing and the psychology of genocide, Basic Books, New York, 1986

R.J.LIFTON, R.J.: The Protean self: human resilience in age of fragmentation, Basic Books, New York, 1993

LIPPMANN, A.: Brücken zwischen Kunst und Alltag, Verlag Die Blaue Eule, Essen, 1998

LUKAS, E.: Lehrbuch der Logotherapie: Menschenbild und Methoden Gebundene Ausgabe Profil Verlag, 2014

LUKAS, E.: Psychotherapy with Dignity: Logotherapy in Action (Living Logotherapy) Taschenbuch, (Hrsg. SCHÖNFELD, H.), E. Lukas Archive, Bamberg 2021

LUKAS, E. et al.: Von der Angst zum Seelenfrieden (Lebens Wert) Verlag Neue Stadt, 2019

MARTENS, J.: Verhalten und Einstellungen ändern. Veränderungen durch gezielte Ansprache des Gefühlsbereiches, Windmühleverlag, Essen, 2. Auflage, 1988

MATURANA, H. / VARELA, F.: Der Baum der Erkenntnis, die biologischen Wurzeln des menschlichen Erkennens, Goldmann, 4. Auflage, München, 1992

MATURANA, H.: Was ist Erkennen? Piper Verlag, München, 1994

MEYERS, P.: Film im Geschichtsunterricht, in GWU 4/01, S. 246-259

MITTELSTRASS, J.: Enzyklopädie, Philosophie und Wissenschaften, Bibliographisches Institut Mannheim, 1980, Band A – G

NIETZSCHE, F.: Werke in vier Bänden (Menschliches, Allzu Menschliches - Also sprach Zarathustra - Jenseits von Gut und Böse – Götzendämmerung / Der Antichrist/ Ecce Homo) (4 Bände im Schuber) Gebundene Ausgabe Anakonda Verlag, 2020

NOLZ, B.: Miteinander leben - voneinander lernen: Perspektiven für die Entwicklung einer Kultur des Friedens in Europa, LIT Verlag, Münster 1999

PETZOLD, H., ORTH, I.: Poesie und Therapie. Über die Heilkraft der Sprache. Junfermann Verlag, Paderborn 1985

PROBST, G.: Selbst-Organisation; Ordnungsprozesse in sozialen Systemen aus ganzheitlicher Sicht, Verlag Paul Parey, Berlin, Hamburg 1987

RATHENOW, H.F. / WEBER, N.H. (Hrsg.): Erziehung nach Auschwitz, Centaurus Verlag, Pfaffenweiler, 1989

SARTE, J.P.: Der Existentialismus ist ein Humanismus: Und andere philosophische Essays 1943 - 1948 Taschenbuch, rororo, 2000

SAUER, F.: URL: https://www.wertesysteme.de/wassindwerte/

SCHREY, H.-H.: Gewalt/ Gewaltlosigkeit. I. Ethisch; In: Müller, Gerhard (Hrsg.), TRE; Band 13; Berlin; 1984

SCHULZE, C.: Vom Mut des Drachentötens, BOD Norderstedt, 2018 & **SCHULZE, C:** Der Puppenspieler, Short Stories, BOD, Norderstedt, 2021

SPIELBERG, S.: und Survivors of the Shoah Visual History Foundation: Die letzten Tage. Basierend auf dem Film von James Moll, vgs, Köln, 1999

SIEBERT, H.: Bildungsarbeit konstruktivistisch betrachtet, VAS, Frankfurt, / M., 1996 und **SIEBERT, H.**
Lernen als Konstruktion von Lebenswelten, VAS, Frankfurt / Main, 1994, Einleitung

SÜSS, S: Repressive Strukturen in der SBZ/DRR - Analyse von Strategien der **Zersetzung** durch Staatsorgane der DDR gegenüber Bürgern der DDR, in: 13. Deutscher Bundestag: Materialien der Enquete-Kommission zur Überwindung der Folgen der SED Diktatur im Prozess der deutschen Einheit, Bd. II/1, Frankfurt a. M. **1999**, S. 193-250. Weblinks

SÜSKIND, P.: Die Taube (detebe) Taschenbuch – 24. April 1990

WATZLAWICK, P.: Die erfundene Wirklichkeit, wie wissen wir, was wir zu wissen glauben? Beiträge zum Konstruktivismus, München / Zürich, 1991

WATZLAWICK, P.: Wie wirklich ist die Wirklichkeit? Wahn, Täuschung und Verstehen, Piper, München 1992

WEIZSÄCKER, v., R.: R. Zum 40. Jahrestag der Beendigung des Krieges in Europa und der national-sozialistischen Gewaltherrschaft. Ansprache am 8. Mai 1985 in der Gedenkstunde im Plenarsaal des Deutschen Bundestages, Bonn, 1985

WERTESYSTEME.de/was-sind-werte/ (http://)

WIKIPEDIA: https://de.wikipedia.org/wiki/KarinRitter

WIKIPEDIA: https://en.m.wikipedia.org/wiki/The_Little_Smuggler

WIKIPEDIA: https://de.wikipedia.org/wiki/Janusz.Korczak

WIKIPEDIA: https://en.wikipedia.org/wiki/Zersetzung

*Bildquellen direkt unter den Bildern erfasst. Titelbild und Abschlussbild „Sonnenblume scharz-weiß"

(„Black&White") von Mike Crawley, Lexington, U.S. A.

Abdruck V.E. Frankl mit freundlicher Genehmigung

112

21. Weitere Bildquellen

https://duckduckgo.com/?q=Janusz+Korczak+Monument+Israel&t=ffsb&iar
=images&iax=images&ia=images&iai=https%3A%2F%2Fupload.wikimedia.o
rg%2Fwikipedia%2Fcommons%2Fthumb%2Fd%2Fdc%2F251012_Janusz_Ko
rczak_monument_at_Jewish_Cemetery_in_Warsaw_-
_02.jpg%2F1280px251012_Janusz_Korczak_monument_at_Jewish_Cemetery_i
n_Warsaw_-

https://de.wikipedia.org/wiki/Stolpersteine02.jpg
https://duckduckgo.com/?t=ffsb&q=Janusz+Korczak&iax=images&ia=image
s&iai=https%3A%2F%2Fthumbs.dreamstime.com%2Fb%2Fmonument-
zujanusz-korczak-oder-henryk-goldszmit-kiew-das-pseudonym-von-war-
einpolitur-j%25C3%25BCdischer-erzieher-der-autor-kinder-117078521.jpg

https://duckduckgo.com/?t=ffsb&q=Little+Smuggler+Warshaw+Cemetry&ia
x=images&ia=images&iai=https%3A%2F%2Fupload.wikimedia.org%2Fwikip
edia%2Fcommons%2Fthumb%2F9%2F96%2FMaly_szmugler_2.JPG%2F120
0px-Maly_szmugler_2.JPG

https://duckduckgo.com/?t=ffsb&q=Stolpersteine&ia=images&iax=images&
iai=https%3A%2F%2Fpokaa.fr%2Fwp-
content%2Fuploads%2F2020%2F01%2Fstrasbourg_stolpersteine-1-
1068x801.jpg

https://duckduckgo.com/?q=Janusz+Korczak+Monument+Israel&t=ffsb&iar
=images&iax=images&ia=images&iai=https%3A%2F%2Fsrasstudents.org%2
Fwp-content%2Fuploads%2F2015%2F04%2F20150419_155753.jpg

https://duckduckgo.com/?q=Janusz+Korczak+Monument+Israel&t=ffsb&iar
=images&iax=images&ia=images&iai=https%3A%2F%2Fimages.jpost.com%
2Fimage%2Fupload%2Ff_auto%2Cfl_lossy%2Ft_Article2016_Control%2F19
1923

https://duckduckgo.com/?t=ffsb&q=Janusz+Korczak+Monument&iax=imag
es&ia=images&iai=https%3A%2F%2Fc1.staticflickr.com%2F3%2F2272%2F1
534624108_bac70bc4ff_b.jpg
https://duckduckgo.com/?t=ffsb&q=Janusz+Korczak+Monument&iax=imag
es&ia=images&iai=https%3A%2F%2Fupload.wikimedia.org%2Fwikipedia%2

Fcommons%2Fthumb%2Fd%2Fdc%2F251012_Janusz_Korczak_monument_
at_Jewish_Cemetery_in_Warsaw_-_02.jpg%2F1280px-
251012_Janusz_Korczak_monument_at_Jewish_Cemetery_in_Warsaw__02.jpg
https://duckduckgo.com/?q=Janusz+Korczak+Monument+Israel&t=f
fsb&iar=images&iax=images&ia=images&iai=https%3A%2F%2Flive.staticflic
kr.com%2F4200%2F34074303213_af8a4e4e6f.jpg

https://duckduckgo.com/?t=ffsb&q=Janusz+Korczak+Monument&iax=imag
es&ia=images&iai=https%3A%2F%2Fthumbs.dreamstime.com%2Fb%2Ftrac es-
jewish-warsaw-janusz-korczak-monument-close-up-to-was-polisheducator-
childrens-author-pediatrician-36834560.jpg

https://duckduckgo.com/?t=ffsb&q=Janusz+Korczak&iax=images&ia=image
s&iai=https%3A%2F%2Fapi.culture.pl%2Fsites%2Fdefault%2Ffiles%2Fstyles
%2F1200_630%2Fpublic%2Fimages%2Fimported%2Fliteratura%2Fgalerie%
2520foto%2Fgl%2520korczak%2520janusz%2520fotografie%2520archiwaln
e%2Fgaleria%2Fkorczak%2520janusz%2520fotografie%2520archiwalne%25
202_6366851.jpg%3Fitok%3DZvE8xjC0

https://duckduckgo.com/?t=ffsb&q=Janusz+Korczak+Monument&iax=imag
es&ia=images&iai=https%3A%2F%2Fst2.depositphotos.com%2F1014465%2
F10493%2Fi%2F950%2Fdepositphotos_104933086-stock-photo-
jerusalemisrael-july-16-2015.jpg

22. Zur Autorin

Dr. Claudia J. Schulze
Studium der *Literaturwissenschaften, Psychologie,
Kognitionswissenschaften* und *Philosophie* in Freiburg,
Zürich, Karlsruhe und Konstanz. Abschluss in Pädagogischer
Psychologie mit Literatur-Didaktik, Promotion in Freiburg.
Arbeit in der Friedensforschung und Friedensbewegung und
in der Trauerarbeit.
Redaktionsmitglied der Literaturzeitschrift *WANDLER*
Mitglied der *Konstanzer Autorengruppe „Literarisches
Café"* und des *Steinbachensembles* (Baden- Baden)
Veröffentlichung mehrerer Kurzgeschichten sowie Lyrik und
Auszüge längerer Erzählungen in unterschiedlichen Literatur-
Zeitschriften in Deutschland, Österreich und der Schweiz
(Wandler, cet, Am Zeitstrand, decision, Anthologien wie die
Bibliothek deutschsprachiger Gedichte,
Hörbücher (In den Schuhen der Welt, Nachtflüge)
Print- & Online-Veröffentlichungen, Print-On-Demand.
*Autorengruppen in sozialen Netzwerken mit
Veröffentlichungen
Sprecherin*
Veröffentlichung zahlreicher Rezensionen (Print- und Online),
Bibliothek deutschsprachiger Gedichte, Slam-Poetries,
zahlreiche Autorengruppen und Literatur-Blogs

Weitere Bücher, Auszuge aus den Büchern und Sammlungen:

Lebenszeichen reloaded © 2017 ISBN: 9783744801638

Glückspillen reloaded © 2017 ISBN: 9783744890175

Des Wahnsinns Beute ©2017 ISBN: 9783744898812

Lebenszeichen (Audiobook) Hörbuchmanufaktur Berlin © 2017

Früher Frost (Audiobook), Hörbuchmanufaktur Berlin © 2017

Glückspillen (Audiobook), Hörbuchmanufaktur Berlin © 2017

(Zusammengefasst in „Brainterror")

Der Tote, BOD, ©2020

Ist so kalt der Winter, BOD © 2020

Famille heureuse, BOD ©2020 Und die Bonus-Geschichten (Klavier im Wald, Tochter der Nyx, Tchechov (gekürzt), Im Schatten, Der Schlangenmensch, Ein lachender Tod, der Tote, Männerbrüste, das Geschenk, Die Feder am Fenster, der Lakai, Weltliteratur). Im Buchhandel und direkt bei BOD zu bestellen.

(Audiobooks gesprochen von Werner Wilkening und Lisa Müller. Musik: Patrick Gregor Braun und ARTEMIS)

Zu erhalten z.B. bei Audible oder bei der Hörbuchmanufaktur Berlin.

Kontakt zur Autorin: CJ.Schulze@gmx.de; Sonderedition 2020 ausgewählt von der Autorin

Lektorat: Matthias Ziebarth, Frankfurt a. Main

Dieses Buch ist ihm gewidmet. Er starb viel zu früh und war mir über viele Jahre eine große Inspiration. Lieber Matthias, Du bleibst unvergessen – und zumindest für mich – unerreicht. Danke für Deine konstruktive Kritik und Deine Anregungen.

Bilder: M. Douglas Crawley, Lexington, U.S.A